Leif R. Montin

Escapades d'un jour^{MD}

MONTRÉAL

52 destinations amusantes vous attendent
à proximité de Montréal

Publications Sans Domicile Fixe

Escapades d'un jour, Montréal
52 destinations amusantes vous attendent
à proximité de Montréal
1re édition

Publié par:
Publications Sans Domicile Fixe, C. P. 65, succ. Notre-Dame-de-Grâce, Montréal
(Québec) H4A 3P4 Canada
Courrier électronique: nfa@cam.org

Rédaction: Leif R. Montin
Révision (version anglaise): Karin Montin
Traduction: Jocelyn Paquet
Révision (version française): Françoise Côté
Cartes: Kate McDonnell
Conception graphique: Irma Mazzonna
Conception de la couverture: Caroline Villaret
Icônes supplémentaires: John Custy
Photographies: Leif R. Montin ou Publications Sans Domicile Fixe (à moins d'avis contraire)
Photographie de l'auteur: Owen Egan

Photographies de la couverture (de haut en bas): Centre touristique et éducatif des Laurentides; la montagne Coupée (source: centre Montagne-Coupée); le marais Cooper; parc de la Gatineau (source: Parcs Canada).

Distribution:
J.D.M. Géo Distribution Inc., 5790 Donahue, St-Laurent, Québec, H4S 1C1 Canada
Tél.: (514) 956-8505; téléc.: (514) 956-9398

Distribution anglaise:
Hushion House, 36 Northline Road, Toronto, Ontario, M4B 3E2, Canada
Tel: (416) 285-6100 Fax: (416) 285-1777

Données de catalogage avant publication (Canada)

Montin, Leif R., 1963-
    Escapades d'un jour, Montréal: 52 destinations amusantes vous attendent à proximité
    de Montréal
    Traduction de: Get outta town!, Montreal.

Comprend un index.
ISBN 0-9681732-1-7

    1. Québec (Province) - Guides. 2. Montréal, Région de (Québec) - Guides. I Titre.

FC2917.5.M6514 1997   917.14044'4   C97-941567-5   F1052.7.M6514 1997

Imprimé au Canada

À ma mère, qui nous a encouragés à voyager,
et qui continue de donner l'exemple.

Des remerciements tout spéciaux vont à ma sœur
Karin: sans ses immenses talents de réviseure,
ce livre ne serait peut-être pas compréhensible...
Merci également à Nancy, Bob et Kelle de CBC
Daybreak d'avoir accepté le pari, à l'équipe de
Plan B de m'avoir aidé à peaufiner l'ouvrage,
au personnel des bureaux touristiques du Québec,
véritable mine d'informations et d'idées,
ainsi qu'aux personnes (qu'il serait trop long
d'énumérer) d'un peu partout dans notre belle
province qui m'ont accueilli chaleureusement.
Merci beaucoup, enfin, à Paul Waters, qui m'a
donné ma première chance.

Table des matières

Liste des symboles

 Accès en fauteuil roulant

 Activités destinées aux enfants

 Aire de pique-nique

 Animaux de ferme

 Bicyclette ou vélo de montagne

 Boutique de cadeaux

 Canotage ou sports nautiques

 Casse-croûte

 Centre scientifique

 Chiens acceptés

 Chutes

 Descente en chambre à air ou en traîne sauvage

 Destinations romantiques

 Entrée gratuite

 Équitation

Glissades d'eau

 Jardin zoologique

 Lieu historique

 Musée

 Natation

 Observation d'oiseaux

 Observation de la faune

 Patinage

 Patinage à roues alignées

 Pêche

 Randonnée pédestre

 Raquette

 Restaurant

 Rodéo

 Ski de fond

 Trains

Volley-ball

Bienvenue!
Et maintenant...
prenez la clé
des champs!

Montréal est une ville exceptionnelle, une ville qu'on quitte souvent à grand-peine, même si ce n'est que pour une journée. Malgré tout, le jour viendra où vous aurez le goût de faire une petite escapade. Vous serez alors sûrement heureux de savoir que des centaines de destinations sensationnelles vous attendent à deux pas de la grande ville, dont des musées, des foires, des parcs qui jouxtent des rapides, des lieux historiques, des aires de pique-nique à faire rêver et des sentiers qui serpentent dans les montagnes. À l'ouest, il y a la multitude de rivières et l'épaisse forêt de l'Outaouais; au nord, les sommets raboteux des Laurentides et les trésors cachés de la région de Lanaudière; à l'est, les collines onduleuses de l'Estrie et la majesté du Cœur-du-Québec; et au sud, les terres riveraines de la Montérégie.

Seuls quelques ponts et quelques minutes en voiture vous séparent de l'extraordinaire beauté de la campagne québécoise!

CHOISIR UNE DESTINATION

Vous cherchez un endroit où aller avec des amis ou avec la petite famille? Un endroit où vous pourrez prendre le pouls de la nature ou vous mêler à la foule d'un joyeux festival? De grâce, ne refermez pas ce guide!

• Vous avez envie de visiter un coin nouveau? Les destinations sont regroupées par région, de manière à vous faciliter la tâche.

• Vous voudriez bien aller quelque part, mais ne savez pas trop où? Feuilletez le guide jusqu'à ce que quelque chose attire votre attention. Chaque destination est photographiée, et les symboles qui figurent dans la marge vous permettent de connaître en un clin d'œil les activités et services offerts. En outre, la durée approximative du trajet en voiture est précisée, pour vous aider à planifier votre excursion.

Outaouais

Aux confins du Québec, à l'ouest, les Laurentides viennent s'agenouiller près de la rivière des Outaouais, frontière entre le Québec et l'Ontario. À Hull, le territoire suit le tracé de la rivière et vire au nord; dans les collines onduleuses de la Gatineau, le granit du Bouclier canadien commence à faire sentir sa présence.

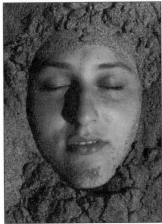

Du côté québécois, cette vallée chapeautée au nord par l'Abitibi est appelée l'Outaouais. C'est une région qui a conservé son charme sauvage et qui convient à une multitude d'activités de plein air. L'été, les amateurs de nautisme et les nageurs animent ses nombreux lacs bordés de chalets. L'hiver, les skieurs de fond, les motoneigistes

 et les amateurs de traîneaux à chiens peuvent emprunter un vaste réseau de sentiers parcourant une campagne où la faune abonde.

Cette section vous fera découvrir un vaste secteur de l'Outaouais qui s'étend de Montebello, près de la rivière Outaouais, jusqu'aux collines de la Gatineau, tout juste à l'est d'Ottawa. On y trouve un merveilleux parc faunique ouvert toute l'année et deux belles plages, ainsi qu'un village peu banal, celui de Duhamel, où il est possible de nourrir des cerfs sauvages (ils viennent manger dans votre main) en hiver. Et si vous voulez avoir une vue aérienne de la région, faites un détour par Hawkesbury, en Ontario, où un club de vol à voile offre des «baptêmes de l'air» à bas prix pendant presque toute la saison estivale.

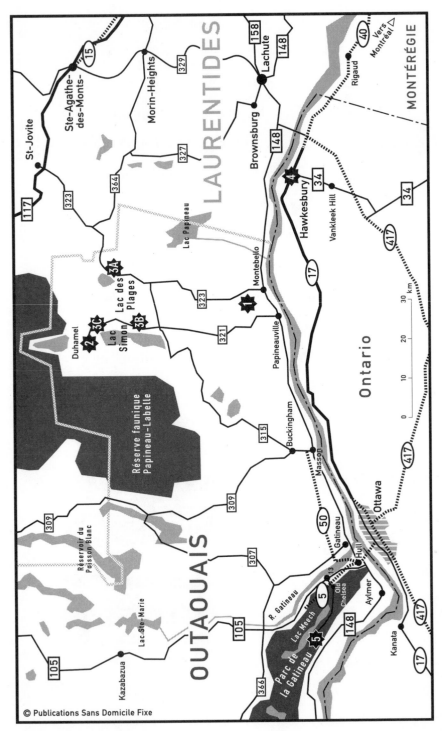

© Publications Sans Domicile Fixe

Destinations

1 Parc Oméga
Près de Montebello
(819) 423-5487 ou
(819) 423- 5023
p. 12

2 Observation de chevreuils
Duhamel
Restaurant: (819) 428-4242
Camping: (819) 428-3740
Festival: (819) 428-7089
p. 14

3A Hôtel Mon Chez-Nous (plage)
Lac des Plages
(819) 426-2186
p. 16

3B Municipalité de Lac-Simon
(plage)
Lac Simon
(819) 428-3905
p. 16

3C Centre touristique de Lac-Simon
(plage)
Duhamel
(819) 428-7931
p. 16

4 Club de vol à voile de Montréal
Hawkesbury (Ontario)
(613) 632-LIFT (5438),
(514) 696-5889
p. 18

5 Parc de la Gatineau
Collines de la Gatineau
(819) 827-2020
p. 20

Renseignements touristiques

Association touristique régionale
de l'Outaouais (Hull):
(819) 778-2222

Bureau touristique de Montebello:
(819) 423-5602

Parc Oméga
Près de Montebello

DURÉE DU TRAJET: 1 H 30 MIN

Au parc Oméga, il n'y a ni tambours, ni trompettes; il n'y a qu'une vieille route de campagne qui serpente dans les bois, au pied des falaises de granit et le long des lacs. Cette route n'est toutefois pas banale: des centaines d'animaux sauvages d'une douzaine d'espèces canadiennes et européennes y errent librement. Le parc est plus qu'une «formule différente de celle du jardin zoologique traditionnel», comme le dit le dépliant: c'est un circuit de 10 km en voiture dans une forêt enchantée!

Chaque espèce a son aire de prédilection, mais les animaux ne semblent pas jaloux de leur territoire. Les visiteurs sont d'ailleurs encouragés à les nourrir. Vous pouvez apporter des carottes (on en vend aussi pour quelques dollars à la barrière) ou des fruits. Par contre, les céréales, les chips et le maïs soufflé sont interdits!

Les animaux comprennent vite le jeu: j'ai vu un wapiti se placer au centre du chemin pour recevoir des carottes des automobilistes qui passaient dans les deux sens...

Le long de la route, il y a des mangeoires dans lesquelles on met de l'avoine, du maïs, du foin et du sel pour les chevreuils. Quatre lacs remplis de menés attirent les loutres et les rats musqués. Le personnel jette également du maïs dans l'eau pour les canards et les oies. À l'occasion, un sanglier s'aventure dans l'étang pour essayer de leur en chiper...

Une zone ombragée est justement réservée aux sangliers. Venus d'Europe, ils semblent parfaitement à l'aise ici.

Au sortir d'une courbe, on débouche sur une plaine herbeuse où les bisons aiment brouter. Comme les autres animaux du parc, les bisons sont en pleine santé. L'été, une demi-douzaine de petits gambadent avec le reste du troupeau. L'un des bisons, énorme, raffole des carottes. Et si vous le nourrissez, votre main aura probablement droit à quelques coups de sa longue langue noire et rugueuse.

Les animaux étant en liberté, il y en a bien sûr plus dans les bois que près de la route. Visiter le parc en hiver est une bonne idée, car les mangeoires attirent davantage les animaux.

Le billet d'entrée est valide pour toute la journée, quelle que soit la saison. Vous pouvez visiter le parc, puis aller pique-niquer ou visiter Montebello, et revenir plus tard. Et comme les animaux sont libres (à l'exception des ours noirs et des castors), le paysage change constamment.

Un dépliant présente les principales espèces qui vivent dans le parc, notamment le sanglier, le bison, le mouflon, l'ours noir, le wapiti et quatre types de cerf. Vous pouvez syntoniser la station de radio FM 90,1 pour écouter des commentaires enregistrés, entrecoupés d'interludes musicaux d'une durée de 45 minutes, le tout conçu expressément pour les enfants.

En été, on présente un spectacle d'oiseaux de proie; des éperviers, des aigles, des faucons et même des vautours volent et plongent pour cueillir leur nourriture sur l'ordre de leur maître. Une estrade en bois et un microphone sans fil permettent de bien suivre les explications bilingues.

Après votre promenade en voiture dans le parc, vous pouvez prendre un lunch aux tables à pique-nique ou au casse-croûte situé près de l'entrée. Il y a aussi un terrain de jeu pour les enfants. Enfin, deux sentiers d'interprétation de la nature avec questionnaire vous donnent l'occasion de sortir de la voiture.

HORAIRE

Du lever au coucher du soleil, à longueur d'année (en hiver, téléphoner au préalable).

PRIX D'ENTRÉE ET AUTRES FRAIS

Été – Adultes: 8$; enfants de 6 à 14 ans: 4$. Les prix sont un peu moins élevés en hiver.

RENSEIGNEMENTS

(819) 423-5487 ou (819) 423-5023.

TRAJET

Autoroute 40 Ouest (route Transcanadienne), route 417 Nord vers Ottawa. Sortie Hawkesbury, route 17 jusqu'à Hawkesbury. Franchir le pont Perly pour revenir au Québec. Route 148 Ouest (suivre les indications pour Montebello). À Montebello, route 323 Nord.

Il danse avec les...
chevreuils
Duhamel

DURÉE DU TRAJET: 2 H 20 MIN

Êtes-vous de ceux qui ne connaissent du chevreuil que la figure élancée qui orne les panneaux routiers jaunes? Si oui, Duhamel est pour vous. Chaque année quelque deux mille cerfs de Virginie viennent se réfugier dans cette petite localité située au nord de Montebello, en prévision de l'hiver. Duhamel a alors un cachet unique, c'est «cerftain»...

En vous y rendant, vous apercevrez probablement quelques chevreuils devant des habitations, et au moins une bonne demi-douzaine aux alentours de l'épicerie. Mais pour bien les observer, je conseille le restaurant Rendez-vous du Chevreuil, le camping Duhamel et le Festival du chevreuil.

La devanture sans prétention du Rendez-vous du Chevreuil cache une arrière-cour où des dizaines de chevreuils gambadent librement de l'aube au crépuscule. Qu'est-ce qui les attire? Depuis une quinzaine d'années, les habitants de Duhamel ont pris l'habitude de leur donner de la luzerne, des carottes et du maïs après la fin de la chasse, en octobre. Plus la neige s'accumule, plus les chevreuils ont de la difficulté à brouter, et plus ils viennent nombreux. À lui seul, le restaurant leur sert (cerf?) de 500 à 600 bottes de luzerne et plus de deux tonnes de maïs.

La plupart des chevreuils sont farouches: un mouvement brusque, et ils décampent. D'aucuns, par contre, sont plus «sociables»: après quelques hésitations, l'un d'eux est venu cueillir une pomme que ma compagne de voyage tenait... entre ses dents! Ils adorent les pommes: le restaurant les vend 25 ¢ chacune. Il y a aussi un distributeur de maïs à l'intérieur.

La perspective de nourrir un chevreuil vous plaît autant qu'un bol de luzerne? Vous préférerez peut-être les 25 km de pistes de ski de fond, de raquette et de randonnée pédestre que Duhamel Camping et Chalets entretient. Des mangeoires placées le long des sentiers attirent les chevreuils. Vous pouvez aussi louer une chambre à air pour faire une descente d'enfer dans la glissoire aménagée à flanc de montagne. En bas, un abri chauffé vous attend.

Une autre attraction courue est le Festival du chevreuil, à l'entrée du village. Don McLean et Diane Filion y ont ouvert leur arrière-cour au public... et aux chevreuils. Il y a 12 km de pistes de ski de fond et de sentiers de randonnée bien balisés qui serpentent dans les collines. Une passerelle permet de franchir un ruisseau d'eau vive. Ce secteur est le plus sauvage, les chevreuils s'y font rares. Mais si vous êtes attentif, vous en verrez peut-être un gambader dans la forêt ou s'immobiliser entre les arbres.

Duhamel est le carrefour de plusieurs pistes de motoneige. On peut en louer une au Château Montebello et se diriger vers le nord, ou encore à Sainte-Agathe-des-Monts, et partir vers l'ouest. Un permis de conduire en règle est exigé. Le parcours dure environ deux heures dans chaque cas.

PRIX D'ENTRÉE ET AUTRES FRAIS

Restaurant et Festival: gratuits (les dons sont acceptés).

Camping: Observation de chevreuils – 3$ par automobile;

activités – 3$ par personne.

RENSEIGNEMENTS

Bureau touristique de Montebello: (819) 423-5602;

Restaurant: (819) 428-4242;

Camping: (819) 428-3740;

Festival: (819) 428-7089.

TRAJET

Autoroute 40 Ouest (route Trans-canadienne), route 417 Nord vers Ottawa. Sortie Hawkesbury, route 17 jusqu'à Hawkesbury. Franchir le pont Perly pour revenir au Québec. Route 148 Ouest jusqu'à Montebello (suivre les indications). À Papineauville, route 321 jusqu'à Duhamel.

Route panoramique: route 148 Ouest à partir de Lachute.

Le Festival du chevreuil est à l'entrée du village, au sud. Pour aller au restaurant, tourner à droite au feu clignotant dans le village et faire 1 km. Le camping se trouve à 1 km plus loin.

Plages sablonneuses en
Outaouais
Au nord de Montebello

DURÉE DU TRAJET: 1 H 30 MIN À 2 H

L'Outaouais compte plus de 20 000 lacs et des dizaines de rivières; trouver un endroit où se baigner ne tient donc pas de l'exploit. En revanche, si vous cherchez une plage sablonneuse où la baignade est surveillée et où il y a tout le confort moderne, le choix est plus restreint. Bien qu'il ne s'agisse pas des plages les plus près de Montréal (voir la section Montérégie à ce sujet), celles de l'Outaouais ont un caractère dépaysant qui leur donne un cachet spécial. Une baignade ou une séance de bronzage dans le décor sauvage de l'Outaouais a vraiment quelque chose d'unique.

Lac-des-Plages est à environ 43 km au nord de Montebello, sur la route 323. Cette municipalité porte très bien son nom: elle est située sur les rives d'un superbe lac entouré de chalets, de motels, de forêts... et de sable doré. La plupart des terrains riverains sont privés; il y a toutefois deux plages plus ou moins publiques. La première est la plage municipale, réservée aux résidants de Lac-des-Plages et aux personnes qui séjournent dans les hôtels et motels du coin.

La deuxième est en face de l'hôtel Mon Chez-Nous, vieil établissement tout à fait charmant, situé à environ un kilomètre au nord de la plage munici-pale. Cette belle et tranquille plage familiale est exploitée par l'hôtel; elle comprend un grand terrain gazonné, une rive sablonneuse et un petit quai qui avance dans le lac. Une partie de la plage est réservée aux invités de l'hô-tel, mais le reste est ouvert aux visiteurs de jour. On peut enfiler son maillot dans des cabines rayées rouge et blanc, jolies, grandes et propres. On peut aussi acheter de la nourriture et des boissons à un petit casse-croûte.

Un peu plus au nord, on trouve la municipalité de Lac-Simon, qui compte elle aussi une plage publique nichée dans une baie donnant sur le lac du même nom. C'est une petite plage familiale très occupée; il y a des toilettes, des cabines pour se changer, des surveillants et un stationnement qui peut accueillir 50 voitures.

À environ 45 minutes au nord de Montebello, le petit village de Duhamel offre lui aussi un beau et long ruban sablon-neux (2 km), au sommet du lac Simon. Au Centre touristique de Lac-Simon, on trouve de tout: installations de camping, filets de volley-ball, voiliers et planches à voile à louer, golf miniature et casse-croûte. On y a une vue magnifique du lac. De plus, il y a une bonne brise, ce qui en fait un endroit rêvé pour les véliplan-chistes. La plage attire une foule jeune; il y a souvent des bateaux à moteur et des motos marines qui sillonnent le lac à l'ex-térieur de la zone de baignade surveillée.

L'alcool est interdit, en théorie... Beau-coup trouvent le moyen d'apporter un «p'tit quelque chose»... Pour une baignade et un repas en famille, il y a des endroits plus à l'écart où l'on trouve des tables à pique-nique. Mais en général, c'est une plage plutôt grouillante, bruyante et ven-teuse. Si vous aimez les plages où ça bouge, vous serez comblé!

HORAIRE

L'été, du 24 juin jusqu'à la fête du Travail, en général.

PRIX D'ENTRÉE ET AUTRES FRAIS

Lac-des-Plages – Adultes: 3,50$ (2,50$ après 14 h); enfants: 1,50$. Municipalité de Lac-Simon – Gratuit. Centre touristique de Lac-Simon – Adultes: 4$; enfants: 2$.

RENSEIGNEMENTS

Bureau touristique de Montebello: (819) 423-5602; Hôtel Mon Chez-Nous: (819) 426-2186; Municipalité de Lac-Simon: (819) 428-3905; Centre touristique de Lac-Simon: (819) 428-7931.

TRAJET

Autoroute 40 Ouest (route Transcana-dienne), route 417 Nord vers Ottawa. Sortie Hawkesbury, route 17 jusqu'à Hawkesbury. Franchir le pont Perly pour revenir au Québec. Route 148 Ouest (suivre les indications pour Montebello). À Montebello, route 323 Nord.

Envol avec le Club de vol à voile de Montréal
Hawkesbury (Ontario)

DURÉE DU TRAJET: 1 H

Le Club de vol à voile de Montréal est un descendant du club de vol à voile McGill, dont les pilotes prenaient leur envol dans le parc où passe maintenant l'avenue du Parc. Le nouveau club est un organisme à but non lucratif qui dispose d'un terrain d'aviation, d'un chalet, d'avions à moteurs et de planeurs. Pour attirer de nouveaux adeptes, le club offre, la fin de semaine, des «baptêmes de l'air» peu coûteux et fertiles en émotions.

Les vols se font suivant le principe du «premier arrivé, premier servi»; il faut donc arriver tôt (vers 10 h, par exemple). Vous pourrez alors aider le personnel à sortir les planeurs du hangar. Le club compte divers appareils, dont des planeurs d'entraînement, moins rapides, et des modèles à haute performance dotés d'ailes de 20 m.

Les appareils sont beaux à voir dans les airs et très stables. Si vous retirez vos mains et vos pieds des instruments de commande, le planeur poursuit sa route en ligne droite, en perdant lentement de l'altitude au taux de vol plané (distance horizontale parcourue par rapport à la chute verticale). Les modèles d'entraînement ont un taux de 29:1; celui des planeurs à haute performance est de 40:1. À titre comparatif, les 747 ont un taux de 17:1: de vraies briques!

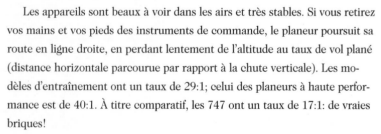

Au décollage, un avion à moteur remorque le planeur. Le pilote doit s'assurer que le nez du planeur reste juste au-dessous de la queue de l'avion, et ne pas se laisser surprendre par les courants ascendants. C'est un peu comme faire du ski nautique... en plein ciel!

Une fois le câble de traction décroché, il s'agit d'être à l'affût des thermiques, c'est-à-dire des courants ascendants qui peuvent porter l'appareil plus haut et prolonger le vol. Le hic, c'est que les thermiques sont invisibles. Pour les repérer, le pilote doit se fier aux nuages et aux oiseaux, notamment. Un bon pilote peut maintenir l'appareil en vol pendant des heures et faire des centaines de kilomètres. Le pilote qui m'accompagnait a fait grimper le planeur à 1 400 m (c'est bien assez haut, si vous voulez mon avis); pourtant, nous étions si près du record mondial de... 18 000 m!

Quand on trouve un courant ascendant, il faut faire un virage très relevé. Du siège du passager, on a l'impression que l'aile qui pointe vers le bas est fixe et que l'appareil tourne sur lui-même. Or, du sol, on voit bien que le planeur décrit plutôt une grande spirale.

Il y a de bonnes chances que vous survoliez Hawkesbury, la rivière des Outaouais et la rivière Rouge. Peut-être même apercevrez-vous les rafteurs et la tour de bungee. Les amateurs de sensations fortes pourront demander au pilote de leur montrer la technique du «dauphin»...

Voler à haute altitude, grimper rapidement en spirale pour ensuite plonger comme un aigle, au son du frémissement des ailes dans le vent: évidemment, ceux qui souffrent du vertige sont priés de s'abstenir. Si ce n'est pas votre cas, n'hésitez pas à prendre le chemin de Hawkesbury, quand il fait beau, pour un envol en bonne compagnie.

HORAIRE

La fin de semaine, par beau temps, de la fin avril à la fin octobre. Plusieurs fois la semaine de juin à août (appeler au préalable). Arriver vers 10 h; les vols commencent à midi.

PRIX D'ENTRÉE ET AUTRES FRAIS

50$ pour un baptême de l'air d'un maximum de 30 min. Prix légèrement réduits pour les autres vols le même jour. Interdit aux moins de 14 ans.

TRAJET

Autoroute 40 Ouest (route Transcanadienne); route 417 Nord vers Ottawa. Sortie Hawkesbury, route 17 Nord. Dépasser la dernière sortie pour Hawkesbury de 2 à 3 km; tourner à droite à l'intersection (chemin Prescott-Russel). Suivre les indications du Club de vol à voile de Montréal (il se trouve quelques kilomètres plus loin, à droite).

RENSEIGNEMENTS

(514) 696-5889.

Plaisirs d'hiver
au parc de la Gatineau
Collines de la Gatineau

DURÉE DU TRAJET: 2 H 20 MIN

Les collines de la Gatineau sont blotties entre la rivière des Outaouais, à l'ouest, et la vallée de la rivière Gatineau, à l'est. Ce territoire accidenté, densément boisé et ponctué de lacs aux rives de granit délimite le Bouclier canadien au sud. Le parc national en occupe une grande partie (356 km²); l'été et l'automne, il attire les adeptes québécois et ontariens de camping. L'hiver, l'accès facile et la qualité des installations en font un endroit idéal pour le ski, la raquette et la randonnée.

On s'arrête d'abord au centre d'accueil du parc, logé dans une confortable maison de campagne du chemin du lac Meech. Le personnel est affable, bien informé et bilingue. Des boissons chaudes sont servies gratuitement. Examinez les cartes, obtenez vos laissez-passer, et il ne vous reste plus qu'à vous rendre au stationnement du sentier choisi.

Il y a trois sentiers de raquette. Le trajet du ruisseau fait un peu plus de 1 km et revient au centre d'accueil. Le trajet de l'étang est plus court, mais plus exigeant.

Le plus populaire est le sentier Larriault, qui fait 3 km. Il commence au domaine Mackenzie-King, ancienne retraite estivale du défunt premier ministre. (Le parc a été créé alors que Mackenzie King était à la tête du pays; il a été cédé au patrimoine canadien à sa mort.)

Le sentier Larriault est agréable et relevé de quelques pentes. Il passe par la collection de ruines romanes de Mackenzie King, puis plonge dans les bois. Il continue jusqu'à l'escarpement d'Eardley et offre de superbes points de vue.

Le parc de la Gatineau compte aussi 15 km de sentiers de randonnée entretenus. On peut également faire des descentes en trottinette des neiges: une personne est assise, l'autre la pousse dans la pente, puis s'installe sur les patins.

Le parc est surtout renommé pour ses quelque 200 km de pistes de ski de fond soigneusement entretenues et balisées. L'éventail va de la promenade Gatineau, large et plane, idéale pour les débutants et les enfants, aux pistes à pentes raides en zigzags destinées aux experts. Il y a 73 km de pistes réservées au pas de patin et des sentiers non tracés.

Le parc compte sept chalets chauffés au bois où il fait bon s'arrêter pour casser la croûte ou se réchauffer.

Pour vivre une expérience inoubliable, passez une nuit ou deux dans l'un des cinq refuges situés au cœur du parc. Il y a de tout: des tentes fort rudimentaires – mais chauffées – du lac Taylor, au refuge relativement luxueux du lac Brown (cuisinière, réfrigérateur, etc.). Tous sont pourvus de lits confortables et d'installations communes, et certains ont un téléphone. Les réservations sont de rigueur.

On peut louer des raquettes, des trottinettes des neiges et des traîneaux pour enfant au centre d'accueil. Par contre, on ne peut pas louer de skis dans le parc. Les chiens doivent être tenus en laisse et sont interdits la nuit.

HORAIRE

Parc – 24 h sur 24, sept jours sur sept. Centre d'accueil – de 9 h 30 à 16 h 30 en semaine; de 9 h à 17 h la fin de semaine.

PRIX D'ENTRÉE ET AUTRES FRAIS

Sentiers – Adultes: 7$; enfants de 12 à 17 ans: 4,50$; moins de 12 ans: gratuit. Gratuit le jeudi. Location de refuges: de 15$ à 35$ la nuit.

TRAJET

Autoroute 20 ou 40 Ouest (route Transcanadienne). Route 417 Nord jusqu'à Ottawa. Entrer à Ottawa par la Queensway. Sortie Nicholas St./Mann Ave. Rue King Edward jusqu'à Hull, puis route 5 Nord. Ne pas suivre les indications concernant Gatineau: il s'agit de la ville et non du parc. Sortie 13 (Old Chelsea/Tenaga), chemin du lac Meech. Suivre les indications du centre d'accueil. Le parc est à 20 minutes du centre-ville d'Ottawa.

RENSEIGNEMENTS

(819) 827-2020.

Laurentides

On aurait peine à faire l'inventaire, tant ils sont nombreux, des festivals, événements spéciaux et activités qui attendent le visiteur dans la célèbre chaîne montagneuse du nord de Montréal. C'est que dans les Laurentides, les attractions culturelles et l'omniprésente nature sauvage cohabitent à merveille. Peu importe la saison, on y trouve de quoi passer du bon temps.

Ceux qui sont attirés par les randonnées vigoureuses ou les doux pique-niques aux abords de chutes ou au cœur de la nature seront ravis par le secteur Pimbina du parc du Mont-Tremblant. Vous préférez les promenades sans hâte dans de beaux sentiers et les vues imprenables? Optez alors pour le Centre touristique et

éducatif des Laurentides, près de Sainte-Agathe-des-Monts (la page de couverture montre l'un des paysages qu'on peut y voir).

La région recèle aussi un trésor bien caché: le parc de la Rivière-Doncaster, aux confins de Mont-Rolland. Les sentiers y longent la rivière; ils sont plus facilement accessibles en été, mais valent la peine en toute saison. Et à seulement trente minutes de Montréal, il y a d'autres petits bijoux comme le parc régional de la Rivière-du-Nord ou les

chutes Wilson. Pendant la belle saison, ils offrent un spectacle superbe, notamment en raison des rapides. La présente section traite aussi de deux festivals: la Jovi-Foire, célébration estivale qui se tient à Saint-Jovite; et l'exposition Mille et Un Pots, foire d'artisanat qu'organise la très jolie localité de Val-David.

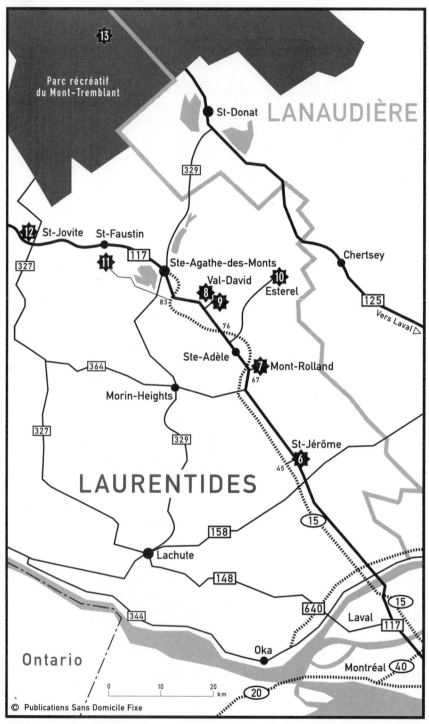

Destinations

6 Parc régional de Rivière-du-Nord
(chutes Wilson)
Saint-Jérôme
(514) 431-1676
p. 26

7 Parc de la Rivière-Doncaster
Mont-Rolland
(514) 229-6233
p. 28

8 Les Jardins de Rocailles
Val-David
(819) 322-6193
p. 30

9 Mille et Un Pots
Val-David
(819) 322-6868
p. 32

10 Hôtel l'Estérel
Estérel
(514) 228-2571, (800) 363-8224
p. 34

11 Centre touristique et éducatif des
Laurentides, entre Sainte-Agathe-
des-Monts et Saint-Faustin
(819) 326-1606
p. 36

12 Jovi-Foire (festival annuel)
Saint-Jovite
(819) 425-8441
p. 38

13 Parc du Mont-Tremblant
(secteur Pimbina)
Saint-Donat
Centre touristique:
(819) 424-2964
Camping:
(819) 424-7012
p. 40

Renseignements touristiques

Association touristique
régionale des Laurentides:
(514) 436-8532

Bureau touristique de
Sainte-Agathe-des-Monts:
(819) 326-0457

Bureau touristique de
Saint-Jovite:
(819) 425-3300

Bureau touristique de Val-David:
(819) 322-1515

6

Promenade au parc régional de la
Rivière-du-Nord
(chutes Wilson)
Saint-Jérôme

DURÉE DU TRAJET: 30 MIN

Dans leur migration hebdomadaire vers le nord, les citadins ralentissent à peine quand ils arrivent à Saint-Jérôme, trop habitués qu'ils sont de bifurquer sur la gauche pour arriver le plus vite possible au chalet... Les moins pressés optent pour la route 117, à droite. Or, combien savent qu'au creux de cet embranchement nichent de petits joyaux des Laurentides? En effet, c'est là que se trouvent le parc régional de la Rivière-du-Nord et les chutes Wilson. On peut y faire une simple promenade, une randonnée à bicyclette ou à pied dans la forêt, ou encore

pique-niquer aux abords de la rivière, dont les eaux agitées miroitent au soleil. On a peine à croire qu'un aussi bel endroit, littéralement ceint de routes, puisse se cacher à 30 minutes de Montréal; c'est pourtant le cas.

De prime abord, le parc fait penser à celui du mont Royal: les sentiers sont larges et bien entretenus. Promeneurs et cyclistes semblent tout droit sortis de la ville. Mais, contrairement à ceux du mont Royal, les sentiers pédestres et les pistes cyclables sont séparés; pas de risque, donc, de se faire renverser par un fou du vélo...

Derrière le centre touristique, un beau sentier descend vers la rivière, où se dressent les piliers superbement entretenus d'un ancien pont de bois.

La plupart des sentiers suivent la rivière; l'odeur des épinettes et le grondement des rapides sont presque toujours présents. Et malgré la proximité des
routes, vous n'entendrez presque jamais le bruit du trafic.

L'un des plus beaux sentiers passe dans un secteur très boisé; de temps à
autre, on aperçoit brièvement la rivière. Après quelque temps, on arrive à un
petit massif de pins gigantesques, sous lesquels on trouve des tables à pique-
nique munies d'un toit. Il y a aussi une cabane en bois à trois côtés, aménagée
spécialement pour les skieurs.

À défaut d'être bien hautes, les chutes Wilson sont très jolies. Elles doivent
leur nom à la famille à qui appartenait la pulperie qui a été exploitée à cet
endroit de 1881 à 1950. Les enfants adoreront se promener dans les ruines de
la pulperie, dont un canal de 2 m de diamètre qui servait à alimenter les tur-
bines. Il y a aussi, un peu plus en amont, un grand barrage en béton.

Un peu plus loin, le sentier débouche sur les roches de granit qui forment
les berges de la rivière. Ces grosses roches plates sont parfaites pour le bronzage. L'automne, le contraste créé par les feuilles colorées, les rapides et les
roches de granit est des plus photogéniques.

Le parc propose également plusieurs activités d'auto-animation pour la
famille. Il y a, par exemple, le sentier des
Mille Sensations, où l'on marche dans la
forêt les yeux bandés en suivant une corde.
Il y a aussi les chasses au trésor, pour les
enfants d'au moins sept ans, ainsi que les
excursions d'orientation avec boussole, pour
les enfants d'au moins dix ans (un petit
dépôt est exigée pour la boussole). Vous
pouvez enfin louer un canot pour en faire
sur une section de rivière plus tranquille.

L'hiver, on entretient 24 km de pistes de
ski de fond. Ceux qui préfèrent sortir des
sentiers battus préféreront peut-être faire de
la raquette. Une immense glissoire en glace
est aussi aménagée derrière le centre touristique. La cabane en bois rond, elle, est
chauffée par un poêle à bois.

HORAIRE
Du lever au coucher du soleil, tous les
jours (de 9 h à 17 h en hiver).

**PRIX D'ENTRÉE ET
AUTRES FRAIS**
3$ par automobile.

RENSEIGNEMENTS
(514) 431-1676.

TRAJET
Autoroute 15 Nord (autoroute des
Laurentides) jusqu'à la sortie 45
(montée Sainte-Thérèse). Route 117,
à droite. Tourner immédiatement à
gauche pour franchir le viaduc qui passe
au-dessus de la route 117. Boulevard
International en direction de Sainte-
Agathe. L'entrée du parc est à 200 m,
sur la droite.

7

Randonnées pédestres
au parc de la Rivière-
Doncaster
Mont-Rolland

DURÉE DU TRAJET: 1 H 20 MIN

Photo: M. Saint-Onge

etit village des Laurentides situé tout juste au nord de Saint-Sauveur, Mont-Rolland a gardé son cachet, ayant vraisemblablement été épargné par l'urbanisation galopante des secteurs environnants. Le parc de la Rivière-Doncaster a lui aussi été conservé à l'état sauvage, on ne sait trop par quel miracle ! Il est situé à quelques kilomètres au nord-est du village, sur les berges d'une rivière, la Doncaster, parfois sage, parfois agitée. Ce petit joyau de la nature est une destination rêvée pour ceux qui veulent, l'espace d'une journée, fuir le tumulte de la ville et faire une promenade tranquille, une randonnée pédestre ou, en hiver, du ski de fond.

Une passerelle métallique relie le stationnement en gravier à un large sentier bien nivelé qui parcourt le parc d'est en ouest sur toute sa longueur. Il est habituellement possible d'obtenir la carte des sentiers, mais il est très facile de se débrouiller sans elle. Celle-ci est en effet reproduite sur un grand panneau à l'entrée; et, de toute façon, tous les sentiers secondaires forment des boucles qui reviennent au sentier principal. Certains sillonnent les collines avoisinantes, d'autres longent les rives de cette rivière capricieuse, mais charmante. Le sentier principal, lui, se prolonge vers l'ouest jusqu'à la rivière du Nord. Au total, les sentiers s'étendent sur 13 km.

L'un de mes sentiers préférés est le Chemin des cascades. Accidenté et rocailleux, il traverse une forêt caractéristique des Laurentides et débouche sur la rivière. Mais avant tout, il permet de découvrir des rapides spectaculaires, surtout après la fonte des neiges ou une forte averse. Les enseignes «Pas de nudisme», évocatrices d'une époque pas si lointaine où le parc était connu pour certains autres attraits «naturels», ont aussi de quoi mettre de bonne humeur...

L'hiver, beaucoup des sentiers sont entretenus pour le ski de fond, et des relais chauffés sont aménagés. Des toilettes sèches sont accessibles à longueur d'année.

Le parc de la Rivière-Doncaster est le seul qui se raccorde au parc linéaire aménagé sur l'emprise de l'ancien P'tit Train du Nord; le parc linéaire relie Saint-Jérôme à Mont-Laurier, 200 km plus au nord. Et contrairement à la plupart des autres parcs du Québec, celui de la rivière Doncaster n'est pas interdit aux chiens.

SAISON ET HORAIRE
Tous les jours, du lever au coucher du soleil.

PRIX D'ENTRÉE ET AUTRES FRAIS
Gratuit.

RENSEIGNEMENTS
(514) 229-6233.

TRAJET
Autoroute 15 Nord (autoroute des Laurentides) jusqu'à la sortie 67 (Mont-Rolland). Tourner à droite, franchir le viaduc qui passe au-dessus de l'autoroute et se diriger vers le village. Au centre du village, c'est-à-dire à l'entrée du parc du P'tit Train du Nord, prendre le chemin Rolland jusqu'au chemin Doncaster, et suivre les indications. Le parc de la Rivière-Doncaster se trouve à exactement 5,25 km du centre du village.

8

Les Jardins de Rocailles

Val-David

DURÉE DU TRAJET: 1 H

La région de Val-David est le berceau de l'escalade. Les belles fins de semaine d'été, il peut y avoir une dizaine d'équipes qui s'attaquent à l'un des trois massifs qui découpent l'horizon de cette petite localité des Laurentides. Cette perspective vous donne le vertige? N'ayez crainte: Val-David recèle d'autres attraits.

Près du splendide lac La Sapinière, on trouve les Jardins de Rocailles. D'inspiration anglaise, ce charmant jardin d'à peine un demi-hectare regorge de plantes à fleurs; on y compte plus de 250 variétés, dont 30 espèces de liliacées.

Le jardin a vu le jour en 1975; pour l'élargissement de la route, on avait coupé des arbres et délogé de grosses pierres. Claude Savard et Jeannine Parent ont décidé de «nettoyer» l'endroit... Ils y sont toujours! Le jardin est ouvert au public depuis 1995. Si vous y passez, Claude ou Jeannine vous feront personnellement visiter l'endroit.

La flore se compose essentiellement de plantes vivaces (celles qui fleurissent tous les ans et affrontent nos hivers), mais certaines plantes annuelles (celles qui ne durent qu'une saison) égayent les nouvelles aires de plantation. Seuls les bégonias rouges, dont les fleurs fournies sont à leur plus beau en juin, doivent être gardés à l'intérieur en hiver. À Val-David, la floraison a deux semaines de retard par rapport à Montréal; les fleurs qui ont déjà rendu l'âme en ville y sont à l'apogée...

Des plantes qui ressemblent à des rosiers attireront peut-être votre attention: ce sont les impatientes doubles. Et que dire du raisin d'Amérique (aussi appelé «raisin des teinturiers»), semblable au lupin? L'essayiste anglais John Ruskin y voyait une métaphore de la vie, les longues tiges portant à la fois des bourgeons, des fleurs éclatantes et d'autres qui sont fanées. Les feuilles du raisin d'Amérique entrent dans la fabrication de médicaments contre les troubles cardiaques.

Ce n'est pas tout: il y a aussi le jardin de statues, consacré aux œuvres abstraites, propices à la méditation, du sculpteur Alain-Marie Tremblay. La pièce maîtresse est un écran d'eau qui cache des carreaux sur lesquels on voit des danseurs, représentations qui s'inspirent de l'art érotique du temple de Khajurho, en Inde. L'influence canadienne se fait aussi sentir: les carreaux du bas montrent des castors...

Il y a, au jardin, un casse-croûte avec permis d'alcool où l'on peut prendre un petit café... ou un repas complet à la carte. Un buffet d'aliments santé à volonté est servi les dimanches, de 10 h à 14 h. La salle est décorée d'œuvres locales qui mettent la flore à l'honneur.

Le village de Val-David n'est pas en reste. On peut y faire un pique-nique au parc des Amoureux, situé à deux pas du jardin. L'endroit est ombragé et paisible, et on y respire l'air frais qu'apporte la rivière du Nord.

Si c'est l'eau qui vous attire, il est possible de louer des kayaks ou des canots à Val-David. Autre possibilité: apporter sa bicyclette – ou en louer une – et faire une randonnée sur l'emprise de l'ancien P'tit Train du Nord, aujourd'hui transformée en piste cyclable et sentier pédestre.

SAISON ET HORAIRE
Du 15 juin jusqu'à la fête du Travail, de 9 h à 22 h.

PRIX D'ENTRÉE ET AUTRES FRAIS
Adultes: 2,50$; enfants: gratuit. Aucun frais si vous mangez sur place. Frais supplémentaires pour les concerts du samedi après-midi (16 h).

RENSEIGNEMENTS
(819) 322-6193.

TRAJET
Autoroute 15 Nord (autoroute des Laurentides) jusqu'à la sortie 76 (Val-David/Val-Morin). Route 117 Nord sur quelques kilomètres jusqu'à Val-David. Traverser le village par la rue de l'Église, puis tourner à droite à la rue de la Sapinière, juste après la piste cyclable. Tourner à gauche à la rue Lavoie. Les Jardins de Rocailles sont à la droite; le stationnement est de l'autre côté de la rue.

Mille et Un Pots
Val-David

DURÉE DU TRAJET: 1 H

L e Québec compte entre 250 et 300 potiers et autres céramistes en activité, dont plus de la moitié dans la région de Montréal. Au cœur de l'été, bon nombre d'entre eux prennent le chemin de Val-David, où ils exposent leurs œuvres pendant près d'un mois. L'accent est mis sur les objets de tous les jours, mais on y trouve aussi beaucoup de sculptures, de bijoux et d'articles à caractère purement décoratif. D'autres créations, elles, se rangent d'emblée dans la catégorie des œuvres d'art. Enfin, des ateliers sont prévus pour ceux qui souhaitent mettre – littéralement! – la main à la pâte.

L'exposition Mille et Un Pots, véritable foire à la céramique, a débuté en 1989 quand Kinya Ishikawa, un Val-Davidois de longue date, a décidé de convier 50 artistes à venir exposer 20 pièces chacun. Depuis, l'événement n'a cessé de prendre de l'ampleur. Aujourd'hui, c'est une centaine d'artistes qui viennent y présenter une centaine de pièces chacun. On serait donc tout à fait fondé à rebaptiser l'exposition Dix Mille et Un Pots, ou même Vingt Mille et Un Pots, mais on semble tenir à l'appellation d'origine... Et l'idée fait son chemin: des expositions semblables se tiennent maintenant à Honolulu, en Martinique et à Bordeaux!

Mille et Un Pots a beau être la plus importante exposition du genre en Amérique du Nord, elle garde un caractère intime. Les pièces sont disposées élégamment sur des tables basses ou sur le gazon ondoyant qui s'étend entre la maison, le studio et la galerie de M. Ishikawa, à l'entrée du village. L'atmosphère est tout à fait détendue; vous n'êtes absolument pas tenu de faire des achats. D'ailleurs, bien souvent, les céramistes laissent les pièces à elles-mêmes. Celles-ci sont habituellement regroupées par artiste, mais un mur de tasses à café fait résolument exception à cette règle. Des pièces d'une rare beauté sont exposées dans la galerie; leur prix varie de 4$ à 2 500$.

Parmi les activités spéciales qui se sont déroulées à l'exposition de 1996, on ne saurait passer sous silence la tentative d'établir le record mondial du plus grand nombre de pots tournés en une journée. Des équipes de quatre ont tourné 1 089 pots en quatre heures et ce, au moyen d'un seul tour... et d'une demi-tonne d'argile! On compte répéter l'expérience en 1997, l'objectif étant d'inscrire un record dans le livre Guinness.

La fin de semaine, divers ateliers vous permettent de mettre vos talents à l'épreuve. Ainsi, en 1996, on a tenu un atelier sur le raku, technique japonaise de poterie cuite sous vide permettant de réaliser de superbes motifs, l'oxydation de la glaçure s'effectuant à des températures variées. Vous n'êtes pas de ceux qui aiment se salir les mains? Vous pouvez aussi apprendre à faire des arrangements de fleurs à la japonaise ou à préparer le sushi...

SAISON ET HORAIRE

Varient chaque année. De 10 h à 19 h, tous les jours, du 27 juillet au 18 août, en 1996. L'exposition déménage à Québec à la fin août, et à Montréal au début de septembre.

PRIX D'ENTRÉE ET AUTRES FRAIS

Gratuit. Des frais sont exigés pour les ateliers.

RENSEIGNEMENTS

(819) 322-6868.

TRAJET

Autoroute 15 Nord (autoroute des Laurentides) jusqu'à la sortie 76 (Val-David/Val-Morin). Route 117 sur quelques kilomètres jusqu'à Val-David. Entrer au village par la rue de l'Église. La galerie Val-David est située au 2435, rue de l'Église.

Hôtel l'Estérel
paradis des neiges
Estérel

DURÉE DU TRAJET: 1 H 20 MIN

L'été, le terrain de golf et la marina de l'Hôtel Estérel, situés sur les rives du sinueux lac Dupuis, enchantent les visiteurs. Mais l'hiver, ils sont parfois jusqu'à 600 à l'Hôtel Estérel, surtout des familles et de jeunes couples. L'endroit est un véritable royaume du sport d'hiver: patinage, excursions en montgolfière, en traîneaux à chiens, à motoneige ou en traîneaux à chevaux ainsi que pêche blanche sont au nombre des activités offertes.

Les sentiers de ski de fond comptent parmi les plus beaux – et les moins coûteux – au Québec. Le réseau de 85 km est entretenu quotidiennement et propose 15 km de pistes réservées aux adeptes du pas de patin. Il y a aussi, pour les plus hardis, 11 km de pistes non tracées. La signalisation est claire, tout comme la carte que l'on vous remet à l'achat du laissez-passer.

Les sentiers du terrain de golf sont parfaits pour les débutants. Aux skieurs aguerris, je recommande la piste 13: elle épouse les collines qui bordent le lac et offre des points de vue spectaculaires. On y a droit à des descentes fantastiques sans trop avoir à grimper. Deux gros tipis bleus, dans lesquels on allume un feu, sont dressés le long des sentiers les plus fréquentés. Une salle de fartage chauffée et une belle cafétéria surplombent la rive du lac; interdit, toutefois, de sortir la nourriture...

Ceux qui ont besoin de conseils peuvent s'adresser à Bill Deskin et à ses collègues maîtres skieurs. M. Deskin est un as; je faisais du ski de fond depuis longtemps, mais sans véritable plaisir. En 15 minutes, il a corrigé ma technique: depuis, j'adore! Selon lui, quiconque est capable de faire un kilomètre à pied est capable d'en faire cinq en ski, car en ski, on passe 80 % du temps à glisser...

Le ski de fond vous laisse froid? Que diriez-vous de patiner sur le lac? Chaque année, l'hôtel y prépare et entretient une patinoire. Pour vous délier vraiment les muscles, vous pouvez aussi faire une excursion de 6 km en patin sur le lac Masson, jusqu'au village voisin de Sainte-Marguerite.

Vous cherchez une aventure bien de chez nous? Les sympathiques chiens de Richard Lapointe sont pour vous. Vous pouvez devenir conducteur d'attelage de chiens pendant 20 minutes, ou pour toute une journée. Ses chiens font même des excursions la nuit! L'un d'eux, Blackie, a joué les vedettes dans le film *Agaguk*.

La fin de semaine, par beau temps, vous pouvez essayer de piloter un ballon amarré ou, si vous êtes téméraire et prêt à dépenser un peu plus, faire un trajet à bord d'une montgolfière guidée. Vous pouvez aussi louer une motoneige.

La première fin de semaine de janvier, l'hôtel organise d'habitude son Festival des cerfs-volants. Moyennant une couverture neigeuse et des vents favorables, on présente alors des démonstrations de cerf-volant et de vol à ski acrobatique. Autre spécialité amusante de l'Estérel: le golf sur neige avec des balles de tennis... Il n'y a qu'un trou, mais c'est une normale 35!

SAISON ET HORAIRE
8 h à 17 h, sept jours sur sept.

PRIX D'ENTRÉE ET AUTRES FRAIS
Sentiers de ski de fond – Adultes: 6$; étudiants: 3$; moins de 12 ans: gratuit.
Traîneaux à chiens – 20 min: 24$; demi-journée: 75$; journée: 140$ (lunch d'après-midi compris).
Location de motoneige – 1 h: 79$; demi-journée: 148$; journée: 210$. Légers frais supplémentaires pour le deuxième passager. Combinaison comprise; permis de conduire exigé.

RENSEIGNEMENTS
(514) 228-2571 ou 1 800 363-8224.

TRAJET
Autoroute 15 Nord (autoroute des Laurentides) jusqu'à la sortie 69 (Estérel); route 370 Est sur 15 km jusqu'à Estérel; l'hôtel est clairement annoncé.

Randonnées au Centre touristique et éducatif des Laurentides, entre Sainte-Agathe-des-Monts et Saint-Faustin

DURÉE DU TRAJET: 1 H 20 MIN

Un jour, des hommes d'affaires découvrirent le lac du Cordon, le plus beau des Laurentides. Il était d'un bleu rare et on aurait dit, à ses rivages de granit et à la forêt dense qui l'entourait, qu'il avait été découpé à même la montagne; du sommet de la montagne qui s'élève à pic à l'une de ses extrémités, la vue était incroyable. Ils décidèrent d'acheter le lac, la montagne et la forêt pour en faire un camp de chasse et pêche privé. Cet endroit féerique est désormais ouvert au public et géré par la municipalité de Saint-Faustin. On y trouve des sentiers de randonnée et des promenades, et il est possible d'y faire du canot et de la pêche.

Le centre touristique, bâtiment chaleureux et typique des Laurentides, est le point de départ et d'arrivée de tous les sentiers. Vous y trouverez les cartes des sentiers et un personnel attentionné qui saura vous conseiller, selon vos préférences. La meilleure façon de s'orienter reste toutefois la superbe maquette du site, sur laquelle tous les sentiers sont bien indiqués.

Il n'y a pas de casse-croûte dans le centre; on y prépare toutefois du café, et il y a un distributeur. Vous pouvez aussi pique-niquer aux tables extérieures, dont certaines sont situées le long des sentiers. Pendant que les parents préparent la randonnée, les petits seront sûrement attirés par les animaux empaillés et autres choses de la nature exposées.

Les sentiers font 13 km; la signalisation et l'entretien sont impeccables. Il y a six sentiers, de longueur et de difficulté différentes. Tous forment des boucles, mais on revient rarement sur ses pas. La plupart sont à sens unique; même en haute saison, on y circule librement.

Le plus beau sentier est sans conteste le Panoramique, qui propose une randonnée de 1,5 km en toute tranquillité. Il s'aventure sur les flancs de la montagne, mais des escaliers en bois sont aménagés aux endroits les plus escarpés.

La vue qu'offre le point d'observation du Panoramique est à couper le souffle. On s'y trouve à 220 m au-dessus du lac du Cordon, qui est lui-même à 360 m au-dessus du niveau de la mer. On y voit la forêt épaisse qui s'étire vers l'ouest jusqu'à l'Outaouais. Il n'y a pas de maisons, de routes ni de pylônes électriques en vue. C'est incontestablement l'un des plus beaux paysages des Laurentides. (Avis aux adeptes de la photo: c'est le matin, quand vous avez le soleil dans le dos, que la lumière est la plus belle.)

L'Aquatique (2 km, 45 min) et le Riverain (1 km, 30 min) sont deux jolis sentiers qui se frayent un chemin à travers la forêt et franchissent le lac. On accède à ces deux sentiers par un pont de bois en arc. On marche ensuite sur de larges promenades qui suivent le pourtour du lac.

Certains préféreront peut-être louer un canot. Si vous êtes en groupe, une option intéressante est le rabaska à 12 places. La pêche est autorisée, moyennant un permis en règle.

HORAIRE

Centre touristique: 8 h 30 à 16 h 30, tous les jours, de mai à octobre. On peut accéder en fauteuil roulant à certains des sentiers qui longent la rive.

PRIX D'ENTRÉE ET AUTRES FRAIS

3$; 2,50$ par personne pour les groupes de 20 ou plus. Gratuit pour les moins de cinq ans.
Location de canot: 6$ l'heure; rabaska: 15$ l'heure.

RENSEIGNEMENTS

(819) 326-1606.

TRAJET

Autoroute 15 Nord (autoroute des Laurentides) jusqu'à la sortie 83 (juste avant Sainte-Agathe-des-Monts). Montée Alouette, chemin du Tour du Lac, puis chemin du lac Manitou (tous sont en direction nord-ouest). Tourner vers l'ouest au chemin du lac Caribou, suivre les indications du CTEL (Centre touristique et éducatif des Laurentides).

Jovi-Foire
Saint-Jovite

DURÉE DU TRAJET: 1 H 15 MIN

Q uand une société cinématographique cherche un paysage ou un immeuble pour une scène, elle fait souvent appel à un «dépisteur» d'emplacements. Un bon dépisteur dispose de nombreux catalogues d'emplacements photographiés et peut toucher jusqu'à 500$ par jour.

Il y a quelques années, j'ai passé une journée à explorer la campagne de l'ouest des Laurentides et de l'est de l'Outaouais en compagnie d'un tel dépisteur. Au terme de cette épuisante journée, nous avons abouti à Saint-Jovite, où se tenait l'amusante Jovi-Foire, festival annuel de musique et de spectacles extérieurs. Nous avons été immédiatement séduits par l'ambiance chaleureuse de ces festivités destinées à la petite famille le jour, et aux «grands» le soir...

Presque tous les commerçants de ce charmant village touristique prennent part au festival, qui dure du jeudi au dimanche. Au calendrier des activités, on compte clowns et jongleurs, ateliers de tennis et spectacles de magie. Toutes se tiennent rue Ouimet (la rue principale), et presque toutes sont gratuites.

Le mini-zoo d'animaux de la ferme, les randonnées à bicyclette multiplaces, les balades sur bottes de foin, le mur d'escalade supervisé et, surtout, la dégustation de tire sur neige enchantent les enfants. Il y a aussi une course de hamsters, où chaque enfant encourage son «protégé», et une autre où les enfants participent avec leur chien! Un petit parc d'attractions est aménagé dans une rue transversale: on y trouve une grande roue, un carrousel et une demi-douzaine d'autres manèges.

Le soir, des spectacles musicaux se donnent sur au moins quatre scènes extérieures, souvent dans des cafés-terrasses. En général, on en réserve une au blues, une à la chanson traditionnelle et une autre à la musique mexicaine. La foire attire parfois des vedettes: le Stephen Barry Blues Band vient faire son tour presque tous les ans. C'est en effet à Saint-Jovite que M. Barry a fait ses débuts, et il se fait un point d'honneur de participer à la Jovi-foire. On y sert de la bière et des boissons gazeuses. Alors que je savourais une bière près d'une scène, une femme de 80 ans s'est mise à chanter une des chansons les plus... osées, disons, que j'aie entendues; la foule hurlait!

En 1996, les Sky Hawks, l'équipe de parachutistes des Forces armées canadiennes, a donné deux spectacles par jour le jeudi et le vendredi. Ils sont 14 à faire d'incroyables acrobaties en vol. Entre les sauts, les parachutistes prennent un bain de foule et répondent aux questions. Ils acceptent même de vous montrer comment plier les parachutes! On peut s'attendre à ce qu'ils soient de retour, car ils ont connu beaucoup de succès.

Le clou de la foire, c'est la course de canards qui marque la fin des festivités, le dimanche soir. À 16 h 30, 2 500 canards sont lâchés sur la rivière du Diable, au nord du village. Un kilomètre plus loin, ils s'engagent dans des canaux qui vont rétrécissant, jusqu'à ce qu'un canard en ressorte premier. Le spectateur qui détient le billet correspondant à ce canard reçoit la rondelette somme de 5 000$. (Au total, des prix en argent totalisant 10 000$ sont remis pendant la foire.) Vous l'aurez deviné, les canards en question sont de la race de ceux que l'on trouve dans les piscines d'enfant: désolé, pas de plumes...

Le dépisteur et moi n'avons jamais trouvé la «falaise d'aspect néolithique tournée vers l'ouest et surplombant une rivière» que nous cherchions pour une annonce de... cornichons! Mais la Jovi-Foire a été une belle découverte!

HORAIRE

Du jeudi au dimanche, à la mi-juillet (du 17 au 20 juillet en 1997).

PRIX D'ENTRÉE ET AUTRES FRAIS

Gratuit. Des frais minimes sont exigés pour certaines des activités.

RENSEIGNEMENTS

Chambre de commerce de Saint-Jovite, au (819) 425-8441.

TRAJET

Autoroute 15 Nord (autoroute des Laurentides) jusqu'au bout (jusqu'à Sainte-Agathe-des-Monts). Route 117 sur 31 km jusqu'à Saint-Jovite.

Randonnées et pique-niques
au parc du
Mont-Tremblant
Saint-Donat

DURÉE DU TRAJET: 2 H

Photo: Pierre Parfiot / Parc du Mont-Tremblant

Pour la plupart, le mont Tremblant est synonyme de ski et de planche à neige. Mais le parc du Mont-Tremblant, dont fait partie le centre de ski, s'étend sur un territoire vaste où les activités offertes sont aussi variées que les paysages. C'est le doux parfum de la forêt, l'air vif de la montagne et la nature sauvage qui vous attirent? Alors la zone est du parc – le secteur Pimbina – est pour vous. Ici, les pics alternent avec des crêtes arrondies, et des lacs d'un bleu intense sont sertis dans les vallées. Vous pouvez faire des randonnées pédestres, pique-niquer à côté d'une chute ou simplement vous promener en voiture sur une belle route de campagne.

Vous pouvez vous renseigner sur les sentiers du parc et à l'extérieur de celui-ci au bureau touristique de Saint-Donat (il paraîtrait qu'il y a, à l'extérieur du parc, plusieurs sentiers qui en valent la peine, notamment un où le promeneur a une belle vue de Montréal). À l'intérieur du parc, le centre touristique est l'endroit où aller pour commencer votre journée du bon pied et ce, en toute saison.

J'y ai déjà passé deux très belles heures d'automne à me promener dans le sentier l'Envol, qui fait 2,5 km. Ce sentier très bien entretenu serpente une forêt de bouleaux jaunes (communément appelés «merisiers»), de sumacs et d'érables, ponctuée d'énormes pierres couvertes de mousse laissées çà et là par des glaciers, il y a 20 000 ans, alors que la région gisait sous 3 000 m de glace. Les 100 derniers mètres, il faut monter un escalier aménagé à flanc d'une colline couverte de mousse. Au sommet, deux points d'observation surplombent le dense couvert forestier de la vallée Pimbina, et permettent de voir des lacs au loin.

Ce sentier a d'autres attraits particuliers. D'une part, on peut cueillir, au départ, une brochure décrivant la flore et la géologie de chacune des étapes de la randonnée. D'autre part, c'est le seul sentier où l'on trouve des toilettes sèches (au départ et au sommet) et des tables à pique-nique (au sommet).

Il y a deux autres sentiers de nature dans le parc: celui du lac des Femmes et celui du lac Atocas, tous deux dans le secteur du Diable.

L'étroite route de campagne en dents de scie mène, deux ou trois kilomètres plus au nord, à un endroit vraisemblablement infesté de... rats! On y trouve le petit lac des Rats, le ruisseaux des Rats et, aussi, la chute des Rats. Rassurez-vous: les rats de la région sont en fait des rats musqués. Inutile de mettre vos fromages sous clé, donc. Comment expliquer cette omission sur les panneaux? J'en ai conclu que l'on a dû manquer d'espace...

La chute des Rats est située à quelque 200 m plus bas que le stationnement, où il y a des toilettes et de l'eau courante, mais non potable. Au pied de la chute, une rive sablonneuse offre un espace idéal pour un pique-nique. De grosses pierres anguleuses en granit, entassées pêle-mêle, constituent un beau terrain de jeu pour les enfants. À la droite de la chute, il y a un escalier qui mène au sommet. Que ceux qui n'ont pas le temps ni l'énergie de le monter se consolent: la vue est meilleure d'en bas!

On peut se rendre au pied de la chute et aux toilettes en fauteuil roulant.

HORAIRE
Ouvert toute l'année.

PRIX D'ENTRÉE ET AUTRES FRAIS
Gratuit.

RENSEIGNEMENTS
Centre touristique: (819) 424-2964;
Administration du parc: (819) 424-7012.

TRAJET
Autoroute 15 Nord (autoroute des Laurentides) jusqu'à la sortie 89. Route 329 Nord. L'entrée du secteur Pimbina est à 7 km au nord de Saint-Donat. Autre option (si vous avez le temps): route 125 (splendide route panoramique divisée et peu passante).

Lanaudière

Pour la majorité des Montréalais, la région de Lanaudière reste à découvrir. C'est dommage, car elle est d'une très grande beauté. À sa limite ouest, il y a de hautes terres vallonnées que la forêt épaisse et les verts pâturages se partagent en parts égales. À l'est, les terres agricoles de la vallée du Saint-Laurent viennent se buter au granit du Bouclier canadien. Un peu partout, des chutes et des rapides tumultueux s'agitent dans de beaux parcs.

Photo: La montagne Coupée

Et tout cela se trouve à seulement une heure ou deux de route de Montréal!

Dans les environs du beau village de Rawdon, il y a des chutes, des rapides et des lieux de baignade. Il y a aussi le village Canadiana des Moore, autre trésor caché. Au nord de Joliette, ce sont des montagnes aux contours aussi déchiquetés que celles des Lau-

rentides qui nous accueillent.

Ce coin d'arrière-pays
rocailleux et densément boisé
regorge de routes sinueuses, de
falaises et de rivières
impétueuses, ainsi que de vallées pittoresques qui rappellent
celles des Rocheuses. C'est là
qu'est établi le centre Montagne-
Coupée, qui propose un large

éventail d'activités en toute saison, notamment l'équitation. À Saint-Jean-de-Matha, il y a un musée fort
original ainsi qu'un parc superbe où l'eau cascade
en belles chutes. Enfin, plus au nord, des paysages à

couper le souffle et des
sentiers de randonnée
enlevants attendent le visiteur au parc régional des
Sept Chutes.

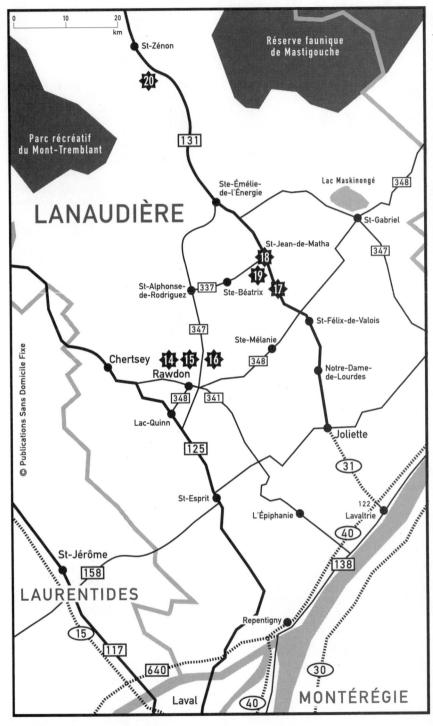

Destinations

14 Parc des Chutes-Dorwin
Rawdon
(514) 834-2251
p. 46

15 Halte cascades (rapides de Rawdon)
et plage municipale de Rawdon
Rawdon
Rapides: (514) 834-2251
Plage: (514) 834-4149
p. 48

16 Le village Canadiana des Moore
Rawdon
(514) 834-4135
p. 50

17 La Montagne Coupée
Près de Saint-Jean-de-Matha
(514) 886-3845
p. 52

18 Musée Louis-Cyr
Saint-Jean-de-Matha
(514) 886-2777
p. 52

19 Parc régional des chutes
Monte-à-Peine et des Dalles
Saint-Jean-de-Matha/Sainte-
Béatrix/Sainte-Mélanie
(514) 883-2245
p. 54

20 Parc régional des Sept Chutes
Saint-Zénon
(514) 884-5437
p. 56

Renseignements touristiques

Association touristique régionale de
Lanaudière:
(514) 834-2535 ou 800 363-2788

Bureau touristique de Rawdon
(en saison):
(514) 834-2251

Chambre de commerce de Rawdon:
(514) 834-2282

Hôtel de ville de Sainte-Émélie-de-
l'Énergie:
(514) 886-3823

Parc des
Chutes-Dorwin
Rawdon

DURÉE DU TRAJET: 1 H 15 MIN

R awdon est un village de campagne de taille moyenne situé dans la zone ouest de l'onduleuse région de Lanaudière. Rawdon est peut-être aussi l'endroit le plus multi-ethnique au Canada: des gens de 35 ethnies y vivent en harmonie, et tous prétendent que le paysage leur rappelle leur pays d'origine. La nature est d'une rare beauté, à Rawdon; le village est traversé par deux rivières, la Ouareau et la Rouge, et parsemé d'immenses pins qui font la renommée de la région. Le village est réputé pour une autre raison: les chutes Dorwin.

Je m'y suis déjà rendu tôt au printemps, à la fonte des neiges, pour m'imprégner à fond de l'arrivée de la nouvelle saison. Et pour cela, il n'y a guère de meilleur endroit que les chutes Dorwin. En toute saison, on peut y voir un torrent s'écouler dans une gorge profonde et étroite, bordée de grands pins.

Deux belvédères d'observation sont aménagés. Le premier, au sommet des chutes, consiste en une robuste plate-forme en bois qui avance au-dessus de la gorge. On a alors les chutes droit devant soi et on peut voir le courant agité, à environ 30 m sous ses pieds. Un escalier et un sentier mènent à un deuxième belvédère, enfoncé plus profondément dans la gorge. Les deux belvédères sont entourés d'une clôture à mailles métalliques; on peut y amener les enfants ou son nécessaire de photo sans crainte. Le grondement de l'eau, une brume légère et le parfum de la forêt sont au rendez-vous dans les deux cas.

Au belvédère du bas, un panneau raconte la légende des chutes. Le méchant sorcier Nipissing était amoureux de la belle princesse Hiawitha, que tous adoraient. Parce qu'elle avait refusé de l'épouser, il la poussa au creux du torrent; la princesse s'y noya. Le ruisseau, furieux d'avoir été utilisé à des fins aussi cruelles, se transforma magiquement en torrent écumeux. Quand le grand manitou apprit ce qui s'était passé, il changea Nipissing en pierre. On peut encore aujourd'hui voir le profil de Nippising qui se découpe juste au-dessus des chutes...

Libre à vous, bien sûr, de croire ou non à la légende... Mais un fait demeure: depuis le belvédère du bas, on distingue aisément un profil humain dans la pierre. Et pas besoin, comme à tant d'autres endroits, d'être sous hypnose pour VRAIMENT le voir...

Le massif de grands pins situé à l'entrée du parc est un endroit idéal pour un pique-nique; une douzaine de tables sont disposées à l'ombre. L'air y est doux et odoriférant. Les tables sont à proximité du stationnement, des toilettes et du casse-croûte, ce qui est commode. Il y a aussi un grand terrain gazonné où les enfants peuvent jouer. Et l'endroit est suffisamment éloigné des chutes pour qu'il n'y ait pas de risque de mésaventure.

On peut accéder aux deux belvédères en fauteuil roulant; cependant, la pente du sentier qui mène au belvédère du bas est plutôt raide.

HORAIRE

Tous les jours, de 9 h à 19 h, de la mi-mai à la mi–octobre.

PRIX D'ENTRÉE ET AUTRES FRAIS

6$ par voiture.

RENSEIGNEMENTS

Bureau touristique de Rawdon (en saison): (514) 834-2251. Chambre de commerce de Rawdon: (514) 834-2282.

TRAJET

Autoroute 15 Nord (autoroute des Laurentides) jusqu'à l'autoroute 640. Autoroute 640 Ouest jusqu'à la route 125. Route 125 Nord jusqu'au lac Quinn. Route 337 vers Rawdon. Les chutes sont juste avant Rawdon.

Photo: Luc Landry / Association touristique de Lanaudière

Baignade à Rawdon, dans les rapides ou à la plage municipale Rawdon

DURÉE DU TRAJET: 1 H 15 MIN

À quelques kilomètres au nord de Rawdon, il y a un charmant petit parc boisé qui jouxte les rives de la rivière Ouareau. Il est officiellement connu sous le nom de halte Cascades; mais les gens du coin parlent plutôt des rapides de Rawdon. Au printemps, les pierres du cours d'eau sont complètement submergées par un torrent vigoureux. Mais l'été, quand le courant s'amenuise, l'endroit attire nombreux ceux qui sont en quête des chauds rayons du soleil, d'une bonne baignade ou, même, d'un premier baiser...

Pendant la belle saison, une demi-douzaine de bras de granit larges et plats sont visibles; ils s'étendent de part en part de la rivière, et l'eau danse autour d'eux. Les belles fins de semaine, ils sont investis par une foule plutôt jeune (la moyenne d'âge se situe à environ 18 ans). Il y a toujours de la musique, mais elle n'est habituellement pas trop forte. Et disons qu'on ne se gêne pas trop pour faire des entorses aux interdictions de baignade et d'alcool...

Il y a un stationnement de gravier à l'entrée, près des toilettes; il n'y a toutefois pas de cabines où se changer. Ceux qui veulent se baigner doivent donc se préparer en conséquence. On peut aussi garer sa voiture le long d'une route sinueuse qui mène à un plateau surplombant la rivière. Celui-ci, où l'on profite de l'ombre de pins de 18 mètres qui sont légion dans le secteur, est tout indiqué pour un pique-nique.

Depuis le plateau, un long escalier en bois descend jusqu'à la rivière, et une étroite passerelle permet de la franchir. La baignade étant interdite (du moins est-ce la version officielle), il n'y a pas de surveillant; mais il est difficile de ne pas se laisser tenter par une petite «saucette». Heureusement, les responsables font preuve de tolérance... Au bas des rapides, la rivière s'élargit et forme un bassin profond où il n'y a presque pas de courant. Près du pont, il y a un endroit où les plus intrépides aiment bien plonger dans un canal où l'eau s'engouffre furieusement.

Ceux qui traversent la rivière à pied ont avantage à mettre de bonnes chaussures de sport: les pierres sont beaucoup plus glissantes qu'il n'y paraît. Malgré que le personnel garde l'endroit bien propre, il faut se méfier des éclats de verre: les bouteilles ne sont pas interdites.

Vous préférez vous baigner dans un endroit un peu plus paisible? Je vous invite alors à visiter la plage municipale de Rawdon. Située tout près du centre du village, cette plage propre et sablonneuse descend jusqu'au lac Rawdon, sur la rivière Rouge. Elle a une vocation un peu plus familiale: baignade avec surveillance, grand stationnement et installations sanitaires modernes sont au nombre des services offerts.

Rapides de Rawdon
HORAIRE
De la mi-mai à la mi-octobre.
PRIX D'ENTRÉE ET AUTRES FRAIS
6$ par voiture.
RENSEIGNEMENTS (EN SAISON)
(514) 834-4149.
Chambre de commerce de Rawdon: (514) 834-2282.
TRAJET
Autoroute 15 Nord (autoroute des Laurentides) jusqu'à l'autoroute 640. Autoroute 640 Est jusqu'à la route 125. Route 125 Nord au-delà de Rawdon, jusqu'à l'intersection avec la route 341. Tourner à droite; route 341 vers Rawdon. Les rapides sont un peu plus loin, à droite.

Plage municipale de Rawdon
HORAIRE
Du 24 juin à la mi-octobre.
Prix d'entrée et autres frais: 6$ par voiture.
RENSEIGNEMENTS
Bureau touristique de Rawdon (en saison): (514) 834-2151. Chambre de commerce de Rawdon: (514) 834-2282.
TRAJET
Autoroute 15 Nord (autoroute des Laurentides) jusqu'à l'autoroute 640. Autoroute 640 Est jusqu'à la route 125. Route 125 Nord jusqu'au lac Quinn. Route 337 jusqu'à Rawdon. À Rawdon, tourner à gauche à la rue Sainte-Marie, puis à droite à la 6e Avenue.

16

Le village
Canadiana des Moore
Rawdon

DURÉE DU TRAJET: 1 H 20 MIN

Photo: Jan Thijs / Ass. touristique de Lanaudière

Nous sommes à la fin des années 50: les Moore (ils sont décédés depuis), véritables maniaques des antiquités, se promènent en voiture lorsqu'ils remarquent deux camions de déménagement garés devant un magasin d'antiquités. La propriétaire leur explique que chaque fois qu'elle achète un rouet ou un lit à barreaux, elle le charge dans l'un des camions. Dès qu'elle en a 100, elle téléphone à un marchand des États-Unis, qui vient les chercher et les revend là-bas en tant qu'artefacts... américains!

C'est du désir du couple Moore de protéger le patrimoine... et d'une ancienne école qu'ils ont acquise pour en faire une résidence secondaire qu'est né le village Canadiana. Il compte aujourd'hui 55 bâtiments et objets d'intérêt. On estime qu'il s'agit de la plus importante collection du genre au pays. Mais le village n'est pas seulement intéressant à cause de son volet historique. On peut y faire une promenade sur des terrains superbement aménagés qui offrent une vue panoramique des collines et des crêtes montagneuses de la région de Lanaudière.

Les bâtiments reproduisent un village de pionniers: il y a une rue principale, une place publique et des allées. Le voyage dans le temps qu'on y propose se fait tout en douceur; on peut visiter les bâtiments à son rythme. Des guides parfaitement bilingues en costume d'époque peuvent tout vous dire sur les machins trucs qui piquent votre curiosité.

Si l'église, l'école et les autres bâtiments vous disent quelque chose, c'est que plus de 55 films ont été tournés dans ce village, dont certaines scènes de *Au nom du père et du fils*.

La maison de grand-mère est tout spécialement intéressante. Cette minuscule maison, vieille de 200 ans, est décorée pour Noël à longueur d'année. D'anciens jouets sont placés sous le sapin. Parfois, il y a même grand-mère, pour nous décrire les curieux articles de cuisine...

L'une des maisons abrite une collection de 120 poupées et une autre, divers instruments de musique; la fin de semaine, on y reçoit un musicien professionnel. Quant aux enfants, ils vont adorer la prison (on jurerait que le prisonnier est vivant...). Par temps chaud, il fait bon se promener dans l'allée des Amoureux, qui est ombragée. Il est aussi possible de visiter la demeure de M. et Mme Moore-McDonald, la fille et le gendre des fondateurs. Vous y verrez notamment un bureau ayant appartenu au premier ministre Wilfrid Laurier.

En été, des démonstrations de tissage, de fabrication de chandelles et de teinture de la laine, entre autres, sont présentées dans les maisons. Et si vous êtes brave, vous pouvez aller chez le barbier, qui vous fera un vrai rasage à la lame...

On peut pique-niquer au village. Un bar laitier offre de la crème glacée à l'ancienne. C'est une limonade qui ferait votre bonheur? Le saloon vous attend, portes battantes et crachoirs compris! Si c'est plutôt un repas campagnard, un bon café ou des pâtisseries maison que vous cherchez, passez au restaurant du bord de la rivière, logé dans un ancien moulin. L'endroit est accueillant; à l'extérieur, la grande roue d'eau tourne encore.

Une personne accompagnée peut accéder au village en fauteuil roulant.

HORAIRE
Du mardi au dimanche, de 10 h 30 à 17 h (sauf pendant le tournage de films). La visite prend de deux à trois heures; on est donc réticent à laisser entrer les gens après 15 h.

PRIX D'ENTRÉE ET AUTRES FRAIS
Adultes: 9,25$; enfants: 6,50$; moins de 5 ans: gratuit.

RENSEIGNEMENTS
(514) 834-4135.

TRAJET
Autoroute 15 Nord (autoroute des Laurentides) jusqu'à l'autoroute 640. Autoroute 640 Est jusqu'à la route 125. Route 125 Nord jusqu'au lac Quinn. Route 337 jusqu'à Rawdon. Tourner à gauche à la rue Sainte-Marie, à droite à la 6e Avenue, puis à gauche au chemin du lac Morgan. Le village est à quelques kilomètres de Rawdon, à droite.

17

La montagne Coupée
Près de Saint-Jean-de-Matha

DURÉE DU TRAJET: 1 H 10 MIN

Voilà une montagne qui porte bien son nom! De certains angles, on croirait qu'elle a été sectionnée en deux. Mais ce n'est pas la principale raison de visiter l'endroit. C'est qu'il n'y a pas que la montagne, mais aussi le centre touristique Montagne-Coupée. Très couru à l'automne, quand les collines et pics boisés se parent de leurs plus belles couleurs, il a de quoi plaire à tous.

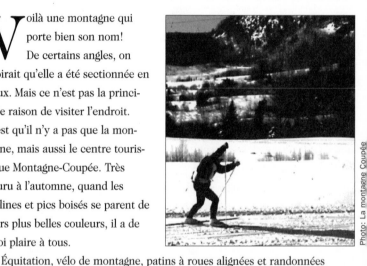

Photo: La montagne Coupée

Équitation, vélo de montagne, patins à roues alignées et randonnées pédestres sont au menu de l'été. L'hiver, on peut faire du ski de fond, de la raquette, de la luge et du traîneau à chiens. On peut même passer la nuit à l'auberge de luxe qui règne en haut de la falaise.

C'est au pied de la montagne, au centre touristique, que vous pouvez obtenir les laissez-passer et louer le matériel. Le personnel est affable et efficace; et le matériel, de première qualité. Le centre est moderne et doté de toilettes et d'une cafétéria. Pour un repas un peu plus consistant, on peut aussi aller au restaurant Patrimoine.

Les amateurs de randonnées pédestres trouvent sentier à leur pied. Le sentier 9, qui passe dans la forêt et suit la sinueuse rivière L'Assomption, est des plus populaires, tout comme les sentiers qui mènent au sommet de la falaise de 100 m: la vue y est superbe.

Pour le vélo de montagne, le centre propose des pistes entretenues à l'intention des cyclistes occasionnels et des pistes à l'état sauvage pour ceux qui ont des mollets d'acier.

Ceux qui veulent faire de l'équitation ne sont pas en reste: un centre équestre comptant 40 chevaux de selle propose des excursions guidées d'une heure dans la forêt et la montage, et des excursions plus longues en solitaire. Des leçons d'équitation sont aussi offertes. Les réservations sont de mise, tout particulièrement en haute saison.

Nouveauté intéressante: la piste de patin à roues alignées de 2 km en forme de 8 qui passe dans la forêt et au pied de la montagne. Quoiqu'un peu exigeante, elle semble très amusante.

De derrière l'auberge, on aperçoit, à perte de vue, la forêt mixte si caractéristique de la région. Lorsqu'il fait beau, on distingue les gratte-ciel de Montréal à l'horizon. Un sentier de 2 km permet de faire à pied (ou en ski, l'hiver) le tour du sommet.

L'hiver, le centre offre 85 km de pistes de ski de fond; adeptes du pas alternatif ou du pas de patin s'y partagent 65 km de pistes entretenues, tandis que 20 km sont laissés à l'état naturel pour ceux qui aiment sortir des sentiers battus. Les excursions en traîneau à chiens, elles, gagnent sans cesse en popularité. Les hôtes de l'auberge, eux, peuvent patiner sur un petit étang. Pour ceux qui n'aiment ni le ski ni le patinage, il est possible de louer une luge finlandaise ou des raquettes.

HORAIRE
Toute l'année.

PRIX D'ENTRÉE ET AUTRES FRAIS

(été)
Sentiers de randonnée pédestre: 1$.
Équitation – Adultes: 13,75$; enfants: 10,50$ pour 1 h; 25$ pour 2 h, 37$ pour une demi-journée, 62,50$ pour une journée.
Vélo de montagne – Accès aux sentiers: 4,56$; location de vélo: 10$ pour une heure, 25$ pour une demi-journée, 35$ pour une journée.

(hiver)
Sentiers de ski – Adultes 8,50$; personnes du troisième âge: 6,50$; enfants: 3,25$.
Sentiers de raquette: 6,50$; location de raquettes: 6$.
Traîneau à chiens: 50$ pour une heure. Les prix sont un peu plus bas la semaine.

RENSEIGNEMENTS
(514) 886-3845.

TRAJET
Autoroute 40 Est (route Transcanadienne) jusqu'à la sortie 122 (Joliette). Route 31/131 Nord jusqu'à Joliette; suivre les indications pour la montagne Coupée. Elle se trouve à mi-chemin entre Saint-Félix-de-Valois et Saint-Jean-de-Matha, à la gauche.

18

Musée Louis-Cyr
Saint-Jean-de-Matha

DURÉE DU TRAJET: 1 H 15 MIN

Si vous roulez vers l'est rue Saint-Jacques, à Montréal, et passez sous le viaduc de l'autoroute Ville-Marie pour accéder à Saint-Henri, vous remarquerez peut-être une statue discrète, dans le parc situé à l'embranchement des rues Saint-Jacques et Saint-Antoine. Elle représente un homme trapu et musclé qui se tient les bras croisés. Il s'agit de Louis Cyr, ancien policier de Saint-Henri, l'homme le plus fort qui ait peut-être jamais existé.

Louis Cyr est né à Napierville en 1863; il était d'origine acadienne. La légende veut qu'il ait pesé 18 lb (8,15 kg) à la naissance. À l'âge adulte, il mesurait 5 pi 8 po (1,72 m) et a pesé de 300 à 360 lb (de 140 à 163 kg). Il pouvait faire, 36 fois de suite, un développé avec une charge de 162 lb (73,6 kg) à bout de bras et soulever 553 lb (250,5 kg) d'un seul doigt, sans fléchir les genoux. Un de ses numéros les plus célèbres consistait à porter sur son dos une plaque sur laquelle se tenaient 18 hommes, 3 000 lb (1 359 kg) au total! La liste de ses exploits est interminable. Il a offert une somme de 25 000$ à toute personne pouvant le vaincre dans une épreuve de force; il n'a, bien entendu, jamais eu à verser un sou...

Il a été propriétaire d'un cirque qui a connu du succès et qui mettait aussi en vedette des jumeaux siamois, des acrobates, un gros homme et un homme de très grande taille. Bien qu'il ait été issu d'une famille de 17 enfants, il n'en a eu que deux, un garçon et une fille. Il tenait sa force de sa mère et l'a transmise à sa fille, qui s'est jointe à la troupe du cirque à 12 ans: elle faisait un numéro où elle soulevait sa mère d'une main...

Louis Cyr ne fumait pas et buvait peu. En revanche, il mangeait jusqu'à 10 lb (4,5 kg) de viande rouge par repas et buvait un gallon ou deux (de 4,5 à 9 l) de lait chaque jour... Ses habitudes alimentaires extravagantes ont vite eu raison de lui. Il est décédé à Montréal en 1912 de ce que l'on appelait alors le mal de Bright, affection dégénérative du foie. Il n'avait que 42 ans. À ses dernières heures, il serait devenu végétarien...

Le musée Louis-Cyr a ouvert ses portes à l'été de 1996, à Saint-Jean-de-Matha. Il loge dans une pièce située au fond de l'hôtel de ville. Il est géré par la Chambre de commerce de l'endroit. L'histoire de l'homme fort est racontée sur de grands panneaux, en photos, et par des objets lui ayant appartenu. La collection du musée est impressionnante et comprend notamment des valises, une ceinture ornée de feuilles d'érable sur laquelle figure l'inscription «Fortissimo» ainsi que certains poids et haltères, bien que la majorité d'entre eux fassent partie de la collection privée de l'apôtre moderne de la bonne forme, le montréalais Ben Weider.

Pour prendre un bon petit repas, arrêtez-vous au café-terrasse Amont La Côte, juste à côté du musée. Les tables sont disposées dans un joli petit jardin et le menu propose diverses saucisses, dont la Louis-Cyr! Étonnamment, elle n'est pas très épicée; peut-être voudrez-vous y ajouter de la moutarde forte...

HORAIRE

Tous les jours, de 10 h à 18 h, du 24 juin jusqu'à la fin de semaine de l'Action de grâces.

PRIX D'ENTRÉE ET AUTRES FRAIS

Gratuit.

Renseignements: (514) 886-2777.

TRAJET

Autoroute 40 Est (route Transcanadienne) jusqu'à la sortie 122 (Joliette). Route 31/131 Nord jusqu'à Joliette. Route 131 Nord jusqu'à Saint-Jean-de-Matha. À la station-service Esso, quitter la route 131 et emprunter la rue Principale. Le musée est au 184, rue Sainte-Louise. Autre option (pour un trajet beaucoup plus pittoresque et guère plus long): route 125 Nord jusqu'à Rawdon, puis route 348 Est jusqu'à la route 131.

19

Parc régional des
chutes Monte-à-Peine
et des Dalles
Saint-Jean-de-Matha/
Sainte-Béatrix/Sainte-Mélanie

DURÉE DU TRAJET: 1 H 20 MIN

Photo: Luc Landry / Association touristique de Lanaudière

Si l'on se fie à la signalisation et aux brochures que l'on trouve dans le village, il est censé y avoir, à environ 3 km au sud-ouest de Saint-Jean-de-Matha, un petit parc regroupant trois jolies chutes reliées entre elles par un sentier de 8 km. Malgré que les indications soient claires, on en vient à se demander, quand on roule sur la route 337 Ouest, où ces chutes peuvent bien être. On voit des terres soigneusement entretenues et légèrement vallonnées, mais rien qui ne permette de croire qu'il puisse y avoir des chutes. On aperçoit bien des crêtes montagneuses au loin, mais elles sont à bien plus de 3 km.

Au moment précis où l'on commence à croire que l'on s'est bien fait avoir, une flèche pointe à gauche. Et quand on s'engage dans le chemin de gravier – le rang Sainte-Louise –, la route se met subitement à descendre. Et à descendre. Et à descendre toujours, en tournant sur elle-même tel un serpent déboussolé. C'est donc là qu'elles se cachent, ces chutes...

Un peu plus loin, la route finit par se redresser, et une petite cabane en bois signale l'entrée d'un joli petit parc où la nature a conservé toute sa beauté. Je ne sais trop si c'est la route qu'il faut suivre pour les atteindre ou le bruit lointain de l'eau quand on arrive au stationnement, mais un vif senti-

---

ment d'excitation nous gagne quand on approche des chutes Monte-à-Peine et de la rivière L'Assomption.

Comme bien d'autres petits parcs du Québec, le parc régional des chutes Monte-à-Peine et des Dalles est géré par les municipalités, soit Saint-Jean-de-Matha, Sainte-Béatrix et Sainte-Mélanie en l'occurrence. Chacune dispose de sa «porte» d'accès au parc. Les entrées de Saint-Jean-de-Matha et de Sainte-Mélanie donnent accès aux chutes Monte-à-Peine et Desjardins, tandis que celle de Sainte-Béatrix mène à la chute des Dalles. Des sentiers les relient.

Les sentiers du secteur Saint-Jean-de-Matha sont larges et agréables à parcourir; de solides escaliers en bois descendent à la rivière le long des chutes. La vue est superbe depuis les trois beaux belvédères en bois ainsi que du pont qui enjambe la rivière au sommet des chutes. Bien que les chutes soient impétueuses, l'endroit ne présente pas de danger pour les enfants: les belvédères et le pont sont munis de garde-fous.

Du pont, on s'explique mal que la chute ait été baptisée Monte-à-Peine (dans le sens de monter avec peine); mais quand on descend l'escalier, on comprend mieux: la chute est imposante. Elle n'est pas très haute, mais fait jusqu'à 45 m de large et se jette sur une formation de granit ronde dont le sommet irrégulier émerge des flots; les deux tiers du courant s'engagent furieusement d'un côté, le reste s'écoule plus lentement de l'autre.

Il y a un sentier qui relie les trois chutes, mais il faut s'informer pour savoir lequel, car il ne semble pas y avoir de carte de l'endroit, et certains sentiers aboutissent à des impasses. On peut pique-niquer dans le parc, mais il n'y a pas de toilettes.

HORAIRE
De la mi-mai à la mi-octobre.
PRIX D'ENTRÉE ET AUTRES FRAIS
3$ par personne.
RENSEIGNEMENTS
(514) 883-2245.
TRAJET
Autoroute 40 Est (route Transcanadienne) jusqu'à la sortie 122 (Joliette). Route 31/131 Nord jusqu'à Joliette, puis route 131 Nord jusqu'à Saint-Jean-de-Matha. À la station-service Esso, quitter la route 131 et suivre la rue Principale. Tourner à gauche à la rue Sainte-Louise, puis suivre la route 337 Ouest vers Sainte-Béatrix. Un peu plus loin, tourner à gauche et suivre le rang Sainte-Louise vers l'ouest. La chute Monte-à-Peine est à 3 km du centre du village.
Accès à la chute des Dalles: route 337 Ouest jusqu'au rang des Dalles.
Accès par Sainte-Mélanie: à partir de Saint-Jean-de-Matha, suivre la route 131 sur 6 km, puis tourner à gauche à la route 348.

20

Randonnées pédestres au parc régional des Sept Chutes
Saint-Zénon

DURÉE DU TRAJET: 1 H 40 MIN

Photo: Luc Landry / Association touristique de Lanaudière

L e nom est trompeur: il n'y a qu'une chute au parc des... Sept Chutes. Et elle coule surtout au printemps. Par contre, le parc abonde en sentiers raboteux qui contournent les lacs pittoresques, grimpent la montagne boisée et se frayent un chemin dans les falaises escarpées. Amateurs de sentiers exigeants, d'air vivifiant et de paysages à couper le souffle, le parc des Sept Chutes est pour vous.

Même si ce n'est pas ce que vous recherchez, le déplacement en vaut la peine. La route qui va de Joliette à Saint-Jean-de-Matha n'est pas banale; mais après Saint-Jean-de-Matha, elle quitte les terres agricoles pour pénétrer dans une campagne d'une beauté époustouflante. Elle monte à pic quand on entre dans la MRC de Matawinie, puis rétrécit dans les contreforts des montagnes. Chaque courbe révèle un paysage nouveau, enchanteur: une large vallée sans arbres, un chalet qui semble s'accrocher désespérément au flanc de la montage, etc. Le parcours, le long de la rivière Noire, est ponctué de petites chutes, de marécages et d'étangs.

Difficile de rater l'entrée du parc des Sept Chutes: c'est l'un des rares endroits où la route est assez large pour qu'on puisse garer sa voiture; il y a d'ailleurs des stationnements de chaque côté du chemin.

Pour se promener dans le parc, il faut être muni de bonnes bottes de randonnée et, même, d'un bâton de marche. Les sentiers sont peu entretenus et les escaliers, en piètre état. Mais il ne faut pas se décourager.

En se dirigeant vers le lac Guy, on passe près de la chute du Voile de la mariée. L'automne, il faut une bonne dose d'imagination pour voir la chute... Mais au printemps, le courant vigoureux dégage une brume qui rappelle un voile de mariée. Quelle que soit la saison, c'est l'endroit idéal où faire une halte et remplir sa bouteille d'eau.

J'ai visité le parc à la fin septembre, alors que les feuilles avaient déjà perdu leur éclat. J'ai toutefois remarqué qu'il y avait tous les ingrédients d'un superbe décor automnal: un mélange d'érables, de bouleaux et de sapins, ainsi que des collines et des lacs qui mettent les couleurs en évidence. Les randonnées sont fantastiques: le sentier qui fait le tour du sommet du mont Brossard offre une perspective magnifique d'une falaise qui culmine à 150 m au-dessus du lac Rémi. Le chemin le plus direct permet d'accéder au sommet en une heure environ. Mais si vous n'êtes pas trop pressé, vous pouvez emprunter le sentier dans le sens contraire des aiguilles d'une montre à partir de la cabane à l'entrée. Le parcours prend alors de deux à trois heures.

L'automne, il faut faire attention de ne pas partir trop tard, car les sentiers deviennent périlleux au crépuscule. Outre des toilettes sèches, il n'y a pas d'installations sanitaires. Selon les sentiers, on peut faire des randonnées allant de 50 minutes à 3 heures.

Ah! oui: il y a sept chutes, mais elles sont plus au sud, sur la rivière Noire, juste avant Sainte-Émélie-de-l'Énergie. Pour s'y rendre, il faut prendre le sentier Matawinie depuis la route 131 jusqu'au lac Kaël (3,8 km); en route, on découvre les chutes Tombereau et Cheval Blanc, deux des plus intéressantes. Un sentier de 19 km permet de revenir au parc des Sept Chutes.

HORAIRE

Tous les jours, de 8 h à 17 h, de mai à octobre.

PRIX D'ENTRÉE ET AUTRES FRAIS

2$ par personne.

RENSEIGNEMENTS

Parc des Sept Chutes: (514) 884-5437; Hôtel de ville de Sainte-Émélie-de-l'Énergie: (514) 886-3823.

TRAJET

Autoroute 40 Est (route Transcanadienne) jusqu'à la sortie 122 (Joliette). Route 31/131 Nord jusqu'à Joliette, puis route 131 Nord. Le parc est à environ 32 km au nord de Saint-Jean-de-Matha, sur la gauche.

Cantons de l'Est / Estrie

On dit qu'en Estrie, le charme
anglais se marie harmonieusement
à la joie de vivre française. C'est
une région enchanteresse qui se
distingue par la beauté tranquille
de ses lacs, par ses fermes soigneusement tenues et
par l'attrait irrésistible de ses chemins de campagne.
En Estrie, villages des plus pittoresques et églises
protestantes, maisons de clin et bistrots riverains qui

Photo: Association touristique régionale des Cantons de l'Est

évoquent immanqua-
blement la Nouvelle-
Angleterre nichent
au creux des collines
et parmi les terres
agricoles. Il n'y a là
rien d'étonnant,
puisque l'Estrie a été
largement colonisée
par des Loyalistes qui ont fui les États-Unis à l'époque
de la guerre de l'Indépendance américaine. Au fil des

ans, une culture joyeuse et unique s'est épanouie dans le creuset de cette région.

En Estrie, on peut faire une randonnée avec un lama, visiter les studios d'artistes, se laisser bercer par des chants grégoriens, découvrir des musées charmants, prendre le chemin des vignobles ou assister à une foire agricole. Que vous recherchiez l'atmosphère paisible de la campagne ou celle, plus agitée, des centres de villégiature, l'Estrie a tout pour vous satisfaire.

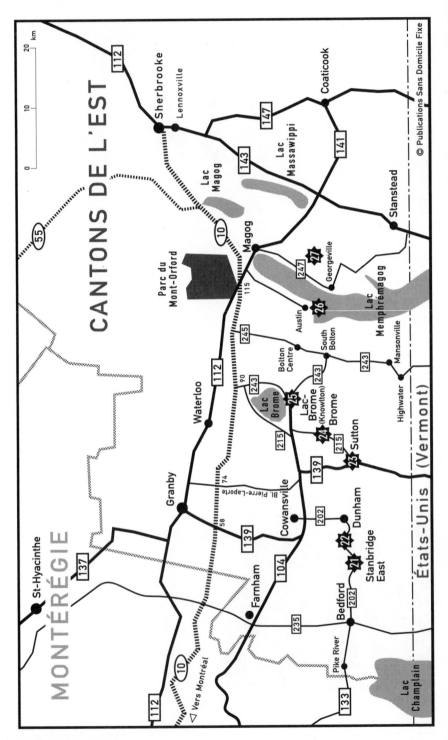

Destinations

21 Musée de la Société historique
du comté de Missisquoi
Stanbridge East
(514) 248-3153
p. 64

22 Le chemin des vignobles de
l'Estrie
De Bedford à Dunham
p. 66

23 Le Llamadu, où le musée vivant
du lama
Sutton
(514) 538-5521
p. 68

24 Exposition annuelle de Brome
Près de Brome
(514) 242-EXPO (3976)
p. 70

25 Musée de la Société historique
du comté de Brome
Knowlton
(514) 243-6782
p. 72

26 L'abbaye de Saint-Benoît-du-Lac
Près de Magog
(819) 843-4080
p. 76

27 Circuit des Arts Memphrémagog
Lac Memphrémagog
800 267-2744 ou (819) 843-2744
p. 74

Renseignements touristique

Association touristique régionale
des Cantons de l'Est:
800 355-5755

Bureau touristique de Knowlton:
(514) 242-2870

Bureau touristique Magog–Orford:
800 267-2744 ou (819) 843-2744

21

Musée de
Missisquoi
Stanbridge East

DURÉE DU TRAJET: 1 H 15 MIN

E ntrer à Stanbridge East par une belle journée d'été en franchissant le pont qui enjambe la rivière aux Brochets, c'est se replonger dans ce que les Cantons de l'Est avaient de plus beau au XIXe siècle. Un vieux moulin veille sur la rive, la roue qui tourne lentement. Des gens pique-niquent dans un parc ombragé, séparé de la rivière par un mur en pierre des champs. D'autres savourent une bière sur la véranda d'un bistrot.

Il n'y a pas que dans les belles rues et allées du village que l'on peut faire un voyage dans le temps, mais aussi au musée de Missisquoi, qui a de quoi plaire à tous.

La pièce maîtresse du musée est le moulin Cornell. C'est dans ce bâtiment en brique de trois étages, construit en 1830 et dont la roue à aubes fonctionne toujours, que loge la collection principale. Le rez-de-chaussée est une reproduction des maisons de campagne de la fin du siècle dernier. Chaque année, les pièces sont redécorées afin de présenter un nouvel aspect de l'époque victorienne. Les détails sont fascinants, notamment la souris près du poêle et les couronnes et arrangements de fleurs fabriqués avec des... cheveux!

Le deuxième étage ravira les enfants: d'anciens jouets y sont exposés, dont un cirque miniature sculpté à la main et une maison de poupée géante. Ils vont bien aimer le sous-sol, aussi: on y a reproduit une cordonnerie, un cabinet de dentiste, une salle de classe et d'autres éléments de la vie d'antan. Si on ouvre la trappe, près de la meule, on voit l'eau qui coule juste en dessous.

À cinq minutes de marche, on trouve le deuxième bâtiment du musée: le magasin Hodge. Ce magasin général, bâti en 1840, regorge d'articles qui vous feront admirer l'ingéniosité de nos ancêtres... ou qui vous donneront un coup de vieux! Il y a notamment un vieil éclateur de maïs, un appareil qui permettait de faire griller le pain sur le poêle, des petites pilules pour le foie Carter et de drôles de maillots de bain en laine.

Un peu plus loin, il y a la grange à Bill. À l'époque, c'était une crémerie. Aujourd'hui, elle abrite une exposition de machinerie agricole. Parmi les charrues et les voitures se cachent des instruments inusités, comme un corbillard sur patins et des trépigneuses pour... chiens!

En face du moulin, de l'autre côté de la rivière, il y a un endroit idéal pour un pique-nique: le parc du Fermier. Ombragé et bien aménagé, il offre une belle vue sur la rivière, les chutes et le moulin. À l'endroit où le parc rejoint la rivière, il y a un mur de pierres sèches, appelé le mur du Fermier. Construit sans aucun mortier, le mur se veut un rappel de la corvée annuelle de ramassage des pierres dans les champs. Un cadran solaire en laiton, monté sur piédestal, rend pour sa part hommage aux quelque 30 familles de Loyalistes qui se sont établies dans la région avant 1830.

Près de là, la cabane à sucre Owl Hoot («le hululement») vend du beurre d'érable et d'autres délicieux produits de l'érable. Autre endroit intéressant: la pépinière À fleur d'eau, tout juste à l'extérieur du village, spécialisée en plantes aquatiques.

HORAIRE

Tous les jours, de 10 h à 17 h, du dernier dimanche de mai au deuxième dimanche d'octobre.

PRIX D'ENTRÉE ET AUTRES FRAIS

Adultes: 3$; aînés et membres de groupes: 2,50$;
étudiants et enfants: 1$.

RENSEIGNEMENT

Musée de Missisquoi: (514) 248-3153.

TRAJET

Autoroute 10 Est (autoroute des Cantons-de-l'Est) jusqu'à la sortie 22. Autoroute 35 Sud jusqu'à Iberville. Route 133 Sud jusqu'à Pike River. Route 202 Est. Franchir Bedford. À sept kilomètres à l'est de Bedford, suivre les indications pour Stanbridge East.

22

Le chemin des
vignobles
de l'Estrie
De Bedford à Dunham

DURÉE DU TRAJET: 1 H 20 MIN

Une route des vignobles au Québec? L'idée peut paraître saugrenue. Pourtant, le Québec compte au-delà d'une vingtaine de vignobles qui produisent chaque année plus de 200 000 bouteilles. En Estrie, on en trouve justement une «grappe»... Les visiter et goûter des échantillons est agréable en soi; mais l'accueil chaleureux des propriétaires décuple le plaisir.

Aux abords de Dunham, une maison de ferme datant de 1836 abrite le vignoble Les Arpents de Neige. L'influence vinicole y est omniprésente: le chien répond au nom de Seyval... On y vend trois vins, dont le seul rosé de la région.

Une visite-dégustation coûte 3,50$ et dure environ une heure. Il y a aussi une salle à manger, où l'on sert notamment de l'agneau et du canard, ainsi qu'une boutique où l'on vend de l'artisanat. Enfin, on peut y acheter des glaïeuls frais et du melon aromatique.

Le vignoble Les Trois Clochers est perché au sommet d'une colline; il est ainsi désigné parce que de cet endroit, on peut apercevoir trois clochers d'église. On n'y offre pas de visite, mais les photos placées sur les murs décrivent l'art de la vinification. Pour 50 ¢, vous pouvez goûter à l'un des meilleurs Seyval du coin ou à un apéritif aux fraises unique. À la boutique, vous pouvez acheter des confitures et gelées maison et de jolies fleurs séchées.

Une arcade de pierre signale l'entrée du Domaine des Côtes d'Ardoise. La vigne encadre le bâtiment en bois de grange et pousse sur les pentes ardoisières. La gamme de ce vignoble est la plus étendue dans la région de Dunham. On y fabrique notamment un vin de glace fort prisé. Le domaine comprend aussi une aire de pique-nique vaste et ombragée. Moyennant préavis, le domaine peut recevoir les groupes. Les visites coûtent 4,50$.

En 1990, Pierre Genesse et Marie-Claude Lizotte ont fait l'acquisition d'une ancienne écurie, sise dans un verger de pommiers, le vignoble Les Blancs Coteaux ainsi qu'une boutique champêtre étaient nés.

On y vend deux vins blancs et deux cidres d'inspiration européenne. Les visiteurs peuvent se composer ou acheter un panier à pique-nique. Le panier pour deux (19,95$) comprend de la moutarde au Seyval, une ou deux baguettes de pain chaud, du cheddar, des terrines de porc et de canard ainsi que du fudge au lait de chèvre d'East Farnham.

Le dernier des vignobles du secteur est l'Orpailleur, le plus important au Québec. L'Orpailleur produit chaque année 80 000 bouteilles de vin primé, soit quatre vins blancs et un mousseux. On peut y prendre un repas raffiné à l'intérieur, ou encore sur la terrasse entourée de vigne et dotée d'un foyer. Un brunch est servi le dimanche.

On peut enfin faire une visite guidée (4$), une dégustation (gratuite) ou une promenade dans le sentier du viticulteur.

On peut accéder à la plupart des vignobles en fauteuil roulant.

HORAIRE
Toute l'année, aux heures d'ouverture normales; ouvert le dimanche.

PRIX D'ENTRÉE ET AUTRES FRAIS
Gratuit. Visites guidées: 3,50$ à 4,50$. Les dégustations sont généralement gratuites (elles coûtent 50 ¢ à l'Orpailleur).

RENSEIGNEMENTS
Les Arpents de Neige: (514) 295-3383;
Les Trois Clochers: (514) 295-2034;
Domaine des Côtes d'Ardoise:
(514) 295-2020;
Les Blancs Coteaux: (514) 295-3503;
L'Orpailleur: (514) 295-2763
ou 341-1982 à Montréal.
On peut obtenir un dépliant donnant les coordonnées de plus d'une vingtaine de vignobles de l'Estrie auprès de Tourisme Québec, au 873-2015.

TRAJET
Autoroute 10 Est (autoroute des Cantons-de-l'Est) jusqu'à la sortie 22. Autoroute 35 Sud jusqu'à Iberville. Route 133 Sud jusqu'à Pike River. Route 2?2 Est. Franchir Bedford; les vign_ _ _t juste après Stanbridge East._ votre visite aux Arper_ nuer jusqu'à Dunh_ l'intersection. Le_ loin, à la droit_

Escapades d'un jour

23

Le Llamadu, ou le musée vivant du lama
Sutton

DURÉE DU TRAJET: 1 H 20 MIN

En 1991, Denise Machabee apprend que quatre lamas sont à vendre. Les membres de sa famille la croient folle, mais l'aident quand même à acheter les bêtes. Le Llamadu, musée vivant du lama, était né! Aujourd'hui, 16 lamas y vivent. C'est l'endroit parfait pour tout apprendre sur cet animal attachant, au doux pelage. Il est même possible de faire une randonnée avec un lama!

Au début de la visite, Mme Machabee vous présente des photos de lamas qui gambadent, se font la cour ou mettent bas. On apprend que les lamas accouchent sans épanchement de sang et qu'ils viennent toujours au monde avant midi; au besoin, la mère interrompt son travail pour le poursuivre le lendemain!

On passe ensuite à l'enclos des lamas. Pendant que Mme Machabee vous entretient de leurs habitudes, les lamas viennent vous renifler: c'est à son odeur que le lama reconnaît un animal ou une personne. Ils sont très dociles et font un drôle de gargouillement...

Un diaporama fort intéressant, offert en français ou en anglais, a été conçu spécialement pour les enfants. On y parle des volcans et des dinosaures, pour finalement aboutir aux ancêtres des lamas d'aujourd'hui. On apprend que le lama existe depuis 40 millions d'années et que sa domestication remonte à 5 000 ou 6 000 ans. Le lama est un cousin éloigné du chameau (on a trouvé, en Californie, des fossiles de lama et de chameau vieux de 3,8 millions d'années), mais il n'a pas de bosse: il lui faut de l'eau tous les jours. En Amérique du Sud, on l'utilise comme bête de somme et on l'élève pour sa laine sans lanoline, recueillie par brossage. On s'en sert aussi comme «chien» de berger.

Vous avez lu Tintin et vous vous dites qu'un lama, ça crache! N'ayez crainte: les lamas ne réservent ce traitement qu'à leurs congénères. Les femelles crachent sur les mâles pendant la parade nuptiale (!), et les mâles crachent les uns sur les autres pour affirmer leur force...

À la sortie de l'étable, des lamas vous attendent. Après les conseils d'usage, vous pouvez faire une randonnée de 600, 800 ou 2 000 m dans les bois avec un lama. Pour une randonnée plus longue, vous pouvez aussi louer un lama.

J'ai fait une randonnée avec Jason, un lama blanc comme neige. Comme tous les lamas, il se tenait juste assez loin derrière moi pour que la laisse ne se tende pas. Se promener dans la montagne avec un lama, c'est très... zen!

Au Llamadu, il y a aussi des faisans, des cailles et des dindes, une chèvre angora du nom de Pavarotti, et même un lama «sauvage», animal très rare (il n'y en a que sept en Amérique du Nord). Le lama sauvage est une espèce protégée: il est interdit d'en faire le commerce et d'utiliser sa laine.

La dernière fin de semaine de juillet, le Llamadu organise une fête du soleil à laquelle participent des musiciens des Andes, région d'origine des lamas.

HORAIRE
Tous les jours, à longueur d'année, sauf pour une courte période en hiver.

PRIX D'ENTRÉE ET AUTRES FRAIS
Adultes: 7$; enfants de 7 à 13 ans: 6$; enfants de 5 à 12 ans: 3$; moins de 5 ans: gratuit.
Location de lama: 15$ l'heure.

RENSEIGNEMENTS
Llamadu: (514) 538-5521.
Tourisme Estrie: 1 800 355-5755.

TRAJET
Autoroute 10 Est (autoroute des Cantons-de-l'Est) jusqu'à la sortie 68. Route 139 Sud. Au sud de Sutton, tourner à droite (vers l'ouest) au chemin Jordan. Le musée est 5 km plus loin, à droite. Route panoramique: sortie 90 (Waterloo/Knowlton/Lac-Brome), puis route 243, le long du lac Brome. Route 104 Ouest, puis route de la Vallée Sud ou route 139 Sud jusqu'à Sutton.

24

Exposition
annuelle de Brome
Près de Brome

DURÉE DU TRAJET: 1 H

Photo: Joe Singerman

Pour qui vit des produits de la terre, l'automne est le temps de l'année où l'on peut enfin respirer un peu et profiter du fruit de son dur labeur. C'est la saison des foires agricoles, et celle de Brome est particulièrement remarquable. Au Québec, c'est la dernière de la saison, mais non la moindre. On peut y voir des bêtes primées, assister à des spectacles donnés sous le chapiteau ou simplement se joindre aux joyeux fêtards sous le ciel bleu de l'Estrie.

Cette foire est solidement ancrée dans la tradition rurale. On y juge des animaux tous les jours dans les catégories suivantes: troupeaux laitiers, troupeaux de boucherie, moutons, porcs, volaille, chèvres et lapins. Le clé de la foire, c'est la course de chevaux du lundi après-midi, où le pari mutuel est absolument... permis. La tire de chevaux, les spectacles de danse et de musique et le zoo pour enfants sont aussi très populaires.

Il y a deux parades d'animaux pendant l'exposition; habituellement, elles ont lieu à 13 h le dimanche et le lundi. La parade du dimanche est la plus grande en Estrie. Hommes, femmes, garçons et filles font parader plus de 300 bêtes superbes sur le terrain de l'exposition et sur la piste de course dans l'espoir de remporter un prix. La grande estrade est le meilleur endroit pour observer la parade.

Une vingtaine de bâtiments permanents abritent les animaux et les exposants. La visite de l'écurie en vaut la peine: vous pouvez y comparer des chevaux de race et de taille diverses. Et que dire des locataires du poulailler, sinon qu'ils ont de quoi pavoiser! On y trouve des espèces de partout au monde, dont des faisans chinois au plumage coloré et à très longue queue, des poules chinoises blanches aux pattes de plumes et de superbes canards.

Dans un autre bâtiment, réservé à la compétition d'horticulture, des fruits et légumes, des fleurs coupées, des plantes, des mets maison, des conserves, des produits de l'érable et du miel, et bien d'autres choses encore sont en lice pour un premier prix. La compétition d'artisanat a aussi son bâtiment propre: articles tricotés et crochetés, courtepointes, tableaux et photographies y sont présentés. Certains artisans sont sur place pour ceux qui souhaitent faire des achats.

Qui dit foire dit friandises, bouffe et parc d'attractions. À ce chapitre, l'exposition de Brome n'est pas en reste. Des casse-croûte et une cafétéria peuvent satisfaire tous les appétits, et le parc est juste assez grand: les manèges sont variés, mais il n'est pas dangereux de s'y perdre. Il y a des manèges où parents et enfants peuvent faire un petit tour plutôt sage, et d'autres, beaucoup plus... renversants où l'on a avantage à bien tenir sa tuque; mais qui porte une tuque à ce temps de l'année? Fait intéressant à noter, l'accès aux manèges est inclus dans le prix d'entrée.

HORAIRE
Première fin de semaine de septembre, du vendredi au lundi, du matin au soir.

PRIX D'ENTRÉE ET AUTRES FRAIS
Adultes: 8$; moins de 12 ans: 5$; stationnement: 3$.

RENSEIGNEMENTS
(514) 242-EXPO (3976).

TRAJET
Autoroute 10 (autoroute des Cantons-de-l'Est) jusqu'à la sortie 74. Boulevard Pierre-Laporte jusqu'à Cowansville, puis route 104 Est. À partir de Brome, suivre les indications.

25

Musée de la
Société historique
du comté de Brome
Knowlton

DURÉE DU TRAJET: 1 H 20 MIN

Le musée de la Société historique du comté de Brome est un véritable trésor caché. Situé à deux minutes de marche du paisible village de Knowlton, le musée, derrière une façade sans prétention, cache de véritables merveilles. S'y trouvent notamment un authentique bicycle (bicyclette à deux roues inégales), des vêtements d'époque, un atelier de forgeron et rien de moins qu'un avion Fokker DVII!

L'annexe Martin regroupe une impressionnante collection de souvenirs de la Première Guerre mondiale, dont des affiches en tissu. L'une d'elles représente un soldat du Commonwealth; on s'en servait pour tromper l'ennemi. La collection comprend aussi un casque en laiton de la garde impériale prussienne et une gourde en bois datant de la guerre de 1812.

La pièce maîtresse est certes le biplan Fokker DVII, le modèle même que pilotait le légendaire baron Rouge. C'est un avion extrêmement rare et précieux, le seul qui reste en Amérique du Nord (celui du Smithsonian est une reproduction), et il n'y en a que trois au monde. On l'a acquis au moment où les forces allemandes ont dû céder tous leurs Fokker aux termes du traité de Versailles. Ces avions étaient le *nec plus ultra*, à l'époque: les mitrailleuses pouvaient être posées derrière l'hélice. Celles des avions des forces du Commonwealth étaient montées sur l'aile du haut: elles étaient moins précises et il était impossible de les désenrayer.

À en juger par l'école que Paul Knowlton, fondateur du village, a fait construire, on comprend qu'il avait l'instruction à cœur. L'immeuble n'a rien à voir avec les petites écoles du temps; c'est plutôt un bâtiment de deux étages, modelé sur les écoles privées britanniques. Aujourd'hui, elle partage son emplacement avec le musée et abrite une partie de la collection. Elle présente de beaux éléments architecturaux: frange du plafond peinte à la main, frise à motif floral stylisé, etc.

Une partie du rez-de-chaussée est demeurée intacte, mais les présentoirs occupent le plus clair de l'espace. On y trouve des objets amérindiens, dont des paniers et des étuis à peigne décorés minutieusement de piquants de porc-épic. Il y a aussi un mystérieux bâton de pierre, déterré en 1845; il était enfoui à 5 m sous terre.

Le second étage a été redécoré à la manière victorienne. On y trouve une table à panneau amovible datant de 1675; elle pouvait servir de table, de chaise et de coffre. C'est qu'en ce temps-là, les pièces n'avaient pas qu'une seule vocation... Une couronne de cheveux est également exposée. À l'époque, les gens fabriquaient des couronnes à partir de mèches de cheveux de leurs proches.

Les amateurs d'inventions canadiennes vont aimer la salle consacrée à Reginald Fessendon, un natif de Knowlton. C'est lui (et non Marconi) qui, le premier, est parvenu à transmettre la voix au moyen d'ondes. Il a réalisé l'exploit la veille de Noël 1906, depuis Brant Rock, au Massachusetts. Le signal a été capté par des marins.

Les bénévoles de la Société historique (la plus vieille de la province, elle remonte à 1898) et les résidants du comté de Brome, aux dons desquels on doit toute la collection, ont fait un remarquable travail de reconstitution de l'histoire du Canada et du reste du monde. C'est une collection importante, intéressante et à la portée de tous.

HORAIRE
Tous les jours, de 10 h à 16 h 30, de la mi-mai à la mi-septembre.

PRIX D'ENTRÉE ET AUTRES FRAIS
Adultes: 3$; enfants et étudiants: 1,50$; aînés: 2$.

RENSEIGNEMENTS
Musée: (514) 243-6782; bureau touristique de Knowlton: (514) 242-2870.

TRAJET
Autoroute 10 (autoroute des Cantons-de-l'Est) jusqu'à la sortie 90 (Waterloo/Knowlton/Lac-Brome). Route 243 Sud jusqu'à Knowlton. Le musée est tout juste avant l'intersection principale.

Chant grégorien à
l'abbaye de
Saint-Benoît-du-Lac
Près de Magog

DURÉE DU TRAJET: 1 H 30 MIN

Ass. touristi. régionale des Cantons de l'Est

Le lac Memphrémagog, long et étroit, fait 45 km en tout. À la pointe nord se trouve Magog, qui grouille de skieurs, en hiver; de plaisanciers et de vacanciers, en été. L'abbaye de Saint-Benoît-du-Lac se trouve à seulement 20 km de Magog, mais on se croirait dans un autre monde: elle est entourée de collines qui façonnent les champs et la forêt jusqu'à la rive ouest du lac.

La plus grande partie du monastère est inaccessible au grand public. Mais, deux fois par jour, l'église ouvre ses portes (une tenue appropriée est exigée). On peut alors admirer l'architecture exceptionnelle de l'endroit tout en se laissant bercer par les chants grégoriens qui composent la majeure partie de chaque messe et qui font la réputation des moines bénédictins.

L'abbaye a été fondée en 1912 par dom Paul Vannier, après l'expulsion des bénédictins de Normandie, au tournant du siècle. Aujourd'hui, environ 60 moines vivent au monastère; ils s'y consacrent à la prière, au travail et aux œuvres caritatives, conformément aux préceptes de Saint-Benoît (vers 480 à 547).

Les plans de l'église abbatiale sont l'œuvre de l'architecte montréalais Dan Hanganu. On lui doit aussi, notamment, le musée Pointe-à-Callière, dans le Vieux-Port.

Un long corridor relie l'entrée de l'abbaye aux portes de l'église. Le corridor baigne dans la lumière du jour et le plancher est constitué d'une mosaïque de briques blanches, noires, jaunes, vertes, bleues, rouges et havane. À l'entrée de l'église, il y a un petit bassin en acier inoxydable sur piédestal. Il est éclairé par un projecteur à halogène suspendu au bout d'une tige de 3 m en acier inoxydable.

À l'intérieur, on découvre la symétrie parfaite de la nef, aux murs en briques havane relevés de lignes rouges. La galerie, elle, se caractérise par une série d'arcades crénelées; pour M. Hanganu, les briques manquantes représentent l'action des moines bénédictins, qui «se retirent pour mieux agir».

Quand il fait beau, la lumière du soleil inonde l'autel. Des câbles en acier inoxydable de 15 m suspendus au plafond jettent des ombres géométriques sur le sol. Le tout est rehaussé par la structure métallique du bâtiment, laissée à la vue.

Les messes se déroulent donc dans une atmosphère monastique ponctuée de quelques notes modernes. La cérémonie a de quoi faire vive impression sur le visiteur. Certains moines portent la soutane noire et d'autres, la blanche. Les chants grégoriens se font en général depuis le chœur, mais il arrive qu'un groupe de moines s'avancent jusqu'aux premiers bancs. L'acoustique est fabuleuse et les chants sont à la fois envoûtants et inoubliables.

Au sous-sol de l'entrée se trouve le magasin de l'abbaye, où l'on peut acheter du cidre et du fromage fabriqués sur place, des articles religieux et des enregistrements de chants grégoriens. Si le magasin est fermé, on peut toujours se procurer le cidre et le fromage – aux mêmes prix – au magasin général d'Austin.

Il y a également sur le domaine de l'abbaye une hôtellerie où sont accueillis les hommes qui veulent se retirer quelques jours en ce lieu de recueillement. La villa Sainte-Scholastique, une hôtellerie pour les femmes et tenue par des religieuses, est située à proximité du monastère.

HORAIRE

À longueur d'année. L'Eucharistie est célébrée à 11 h et les vêpres, à 17 h (à 19 h le jeudi). Il y a des chants grégoriens aux deux offices. Magasin: tous les jours excepté le dimanche, de 9 h à 10 h 45, et de 14 h à 16 h 30.

PRIX D'ENTRÉE ET AUTRES FRAIS

Les dons sont acceptés.

RENSEIGNEMENTS

(819) 843-4080.

TRAJET

Pont Champlain et autoroute 10 (autoroute des Cantons-de-l'Est) jusqu'à la sortie 115 (Mont Orford/Magog). Route 112 Est jusqu'au chemin des Pères. Chemin des Pères Sud jusqu'à Austin. À Austin, suivre les indications du monastère (il se trouve en direction du lac).

Circuit des Arts
Memphrémagog
Lac Memphrémagog

DURÉE DU TRAJET: VARIABLE (1 H 15 MIN POUR SE RENDRE À MAGOG)

Chaque été, plus de 100 artistes et artisans de la région du lac Memphrémagog ouvrent les portes de leur domicile, de leur galerie ou de leur atelier aux visiteurs. Le Circuit des Arts Memphrémagog est une belle occasion d'examiner de nombreuses œuvres et de rencontrer les personnes qui les ont créées, le tout ayant comme toile de fond le paysage enchanteur de l'Estrie.

Le troisième de ces circuits annuels s'est tenu en 1996; y ont pris part 105 artistes de 62 localités aussi différentes que le village champêtre de Highwater (près de Mansonville) et la très urbanisée North Hatley; la grande majorité d'entre eux sont toutefois établis à Magog et autour du lac Memphrémagog. On publie chaque année une carte facile à suivre qui indique l'emplacement et la spécialité de chacun des participants.

La route 247 suit le profil vallonné de la rive ouest du lac Memphrémagog; elle passe dans des terres agricoles et des zones boisées, et laisse parfois entrevoir le lac. En 1996, la carte du circuit donnait dix endroits à visiter entre Magog et Georgeville; on pouvait notamment y admirer des photographies, des articles en grès, des aquarelles, des peintures à l'huile, des bijoux et des sculptures.

Marcel Poirier, qui peint à l'huile, habite un complexe de grandes maisons modernes. Il a fait de son jardin une véritable œuvre d'art. Un sentier en pierre des champs mène de la route à l'atelier, en contournant l'étang qu'il a

---

aménagé. Le sentier est bordé de poteaux totémiques et de sculptures qui témoignent de l'énergie de cet artiste autodidacte.

Les grandes toiles aux couleurs vives de M. Poirier représentent des décors de Montréal, de New York et des tropiques. Les personnages sont sans visage, mais les toiles sont très parlantes et traduisent admirablement bien la chaleur des quartiers des villes et villages.

À quelques kilomètres de là, plus au sud, John Di Nezza, chef des bénévoles qui organisent le circuit, a établi son atelier et son aire d'exposition dans un bâtiment qui a déjà abrité 13 000 poulets. Ses paysages de l'Estrie sont tout simplement hypnotisants.

Jason Krpan, de Georgeville, est renommé tant pour sa poésie que pour sa poterie de grès. Sa maison est une véritable sculpture en soi. M. Krpan repêche les cèdres à la dérive sur le lac et les plante, à l'envers, autour de sa maison... Il appelle son domaine le «paradis des cèdres» et ses «arbres» des «cèdres convertis»... Les gens de l'endroit les surnomment les «dragons», en raison des formes sinueuses de leurs racines délavées par l'eau. D'un côté de la maison, il y a un grand potager aménagé en cercles concentriques au milieu duquel se dresse un tipi sur lequel montent des haricots grimpants. La maison de M. Krpan se distingue par une énorme tortue de béton au sommet de la cheminée...

Georgeville est aussi connue pour sa «grange à l'éléphant»: un éléphant dansant est peint sur l'un de ses murs rouges. L'endroit est un centre culturel réputé où se donnent de nombreux cours l'été. Durant le Circuit des Arts, une douzaine d'artistes – des sculpteurs, des peintres et des bijoutiers, entre autres – exposent leurs créations; certaines sont exceptionnelles. Souvent, aussi, on peut voir un artisan au travail.

Pour planifier sa visite, on peut s'informer, par téléphone, de l'endroit le plus près où obtenir la carte, ou tout simplement se la procurer au bureau touristique de la première localité où l'on s'arrête.

HORAIRE (EN 1996)
du 27 juillet au 4 août, de 10 h à 17 h.

PRIX D'ENTRÉE ET AUTRES FRAIS
Gratuit.

RENSEIGNEMENTS
Bureau touristique Magog–Orford:
1 800 267-2744 ou (819) 843-2744.

TRAJET
Pont Champlain et autoroute 10 (autoroute des Cantons-de-l'Est) jusqu'à la sortie 115 (Mont Orford/Magog). Route 112 Est jusqu'à Magog. Le bureau touristique est sur la route 112, au sommet du lac.

Montréal, Laval et

Bien que ce guide porte avant tout sur les escapades à la campagne, il serait malheureux de passer sous silence certaines destinations formidables

Photo: David Inglis

de la région immédiate de Montréal, car non seulement elles sont accessibles par transport en commun, mais encore elles

ont tout pour vous surprendre agréablement, pour vous permettre de vous évader... sans quitter la ville.

Dans cette section, vous découvrirez les deux seules forêts vierges de l'île, celles de l'arboretum Morgan et du parc-nature du Bois-de-Liesse, ainsi que le dernier marais à Montréal, celui du parc-nature de Pointe-aux-Prairies.

Elle traite en outre de deux destinations à Laval, le Cosmodôme et le Centre de la nature de Laval,

la Rive-Sud

ainsi que de deux autres sur la Rive-Sud, le musée Marsil et le Musée ferroviaire canadien (en réalité, ces deux endroits sont situés en Montérégie, mais ils sont tellement proches de

Montréal que j'ai choisi d'en parler ici).

Photo: Estelle Bolker

En raison de contraintes d'espace, il n'a pas été possible d'indiquer le trajet en transport en commun. Pour l'obtenir, il suffit de communiquer avec l'endroit visé.

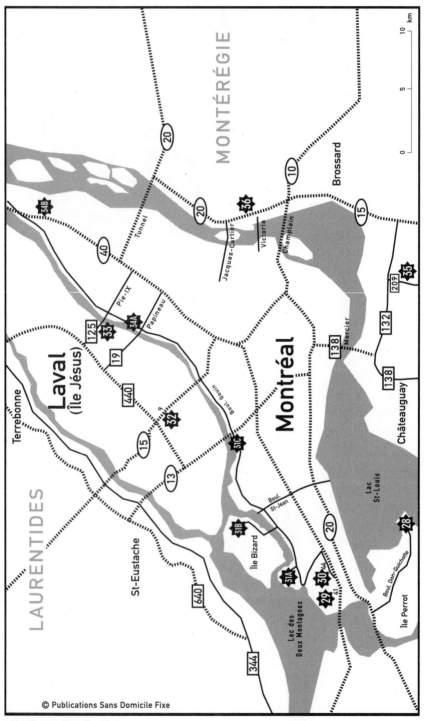

© Publications Sans Domicile Fixe

Destinations

28 Pointe-du-Moulin
Île Perrot
(514) 453-5936
p. 82

29 Arboretum Morgan
Sainte-Anne-de-Bellevue
(514) 398-7812
p. 84

30 Écomuséum
Sainte-Anne-de-Bellevue
(514) 457-9449
p. 86

31A Parc-nature du Cap-Saint-Jacques
Pierrefonds
Chalet: (514) 280-6871
Ferme écologique: (514) 280-6743
p. 88

31B Parc-nature du
Bois-de-l'Île-Bizard
Île Bizard
(514) 280-8517
p. 88

31C Parc-nature du Bois-de-Liesse
Pierrefonds et Dollard-
des-Ormeaux
(514) 280-6720 ou
(514) 280-6678
p. 88

32 Cosmodôme
Laval
(514) 978-3600
p. 90

33 Centre de la nature de Laval
Laval
(514) 662-4942
p. 92

34A Parc-nature de
l'Île-de-la-Visitation
Ahuntsic
(514) 280-6733
p. 94

34B Parc-nature de Pointe-aux-Prairies
Rivière-des-Prairies et Pointe-
aux-Trembles
(514) 280-6691
p. 94

35 Musée ferroviaire canadien
Delson et Saint-Constant
(514) 632-2410
p. 96

36 Le musée Marsil du costume,
du textile et de la fibre
Saint-Lambert
(514) 671-3098
p. 98

Renseignements touristiques

Centre Infotouriste de Tourisme
Québec:
(514) 873-2015 ou
1 800 363-7777

Office des Congrès et du
Tourisme du Grand Montréal:
1 800 363-7777

Maison du tourisme de Laval:
(514) 682-5522 ou
1 800 463-3765

Société de transport de la
Communauté urbaine
de Montréal (STCUM):
(514) A-U-T-O-B-U-S (288-6287)

Bureau de tourisme de l'Île-Perrot
(en saison): (514) 587-5750

Se battre contre
des moulins à la
Pointe-du-Moulin
Île Perrot

DURÉE DU TRAJET: 35 MIN

Quand on tourne au boulevard Don-Quichotte, on sait qu'on ne doit pas être loin de la Pointe-du-Moulin... Une fois la jungle de concessionnaires automobiles franchie, on se retrouve sur une jolie route de campagne où l'on ne serait presque pas surpris de rencontrer un chevalier à triste figure... Le parc se trouve à la pointe sud de l'île; il y a des sentiers de marche, deux aires de pique-nique, un poste d'accueil et, bien entendu, le vieux moulin.

Pour entrer au parc, il faut traverser l'un des plus beaux postes d'accueil qui soient. On jurerait que les bâtiments en bardeaux de bois ont été coupés en deux pour permettre l'aménagement du sen-

tier. À l'intérieur, il y a un casse-croûte, des toilettes et un refroidisseur d'eau. Prendre quelques gorgées avant de partir est à conseiller, car l'eau se fait plutôt rare par la suite.

Une petite exposition est consacrée aux anciennes techniques agricoles; les enfants peuvent plonger les mains dans des seaux contenant des grains de blé, d'orge, d'avoine et de sarrasin.

Un modèle réduit des organes mécaniques du moulin occupe l'une des pièces. Les enfants aimeront y verser des sacs de sable imitant les poches de grain; un employé actionne alors le moulin, et il en sort de la «farine».... Les enfants peuvent aussi s'amuser à passer du grain au crible.

En marchant un peu dans la jolie forêt (on peut aussi emprunter un sentier le long duquel des panneaux décrivent les principaux animaux et plantes du coin), on arrive à la maison du meunier. Elle en vaut le détour, surtout le dimanche après-midi, alors qu'on y cuit du pain à l'ancienne au four à bois. On peut même s'en faire donner un morceau.

Le moulin à vent, qui date de 1708, est juste à côté. Outre celui de l'île aux Coudres, près de Québec, c'est le seul moulin à vent opérationnel au Québec. Vu son âge, ses ailes sont fragiles, et on ne le fait tourner que les dimanches où les conditions sont idéales.

Qu'il tourne ou non, le moulin demeure un ouvrage remarquable. Le toit repose sur une armature en bois qui pèse 5 tonnes, mais que l'on peut faire pivoter de manière que les ailes soient au vent. Comme dans la plupart des moulins à vent, il y a deux portes: le meunier pouvait y entrer, quelle que soit l'orientation des ailes. À noter que lorsqu'un meunier oubliait malencontreusement de sortir par la bonne porte et se faisait happer par les ailes, on disait d'un moulin qu'il devenait un moulin rouge...

On remarquera aussi les trous rectangulaires pratiqués dans les murs du moulin, à environ deux mètres du sol. Contrairement à ce qu'il y paraît, il ne s'agit pas d'ouvertures laissées par des briques ou des poutres qu'on a enlevées, mais bien de meurtrières... Des meurtrières? Cela peut sembler étrange pour un moulin à vent, mais il faut comprendre que celui-ci a un passé un peu particulier. C'est que, selon la légende, le seigneur Perrot n'y faisait pas moudre beaucoup de grain, préférant plutôt se consacrer au trafic illégal de fourrure. Il ne répugnait pas, à ce qu'on dit, à faire arrêter au moulin – par des pots-de-vin ou... par la force – les canoteurs qui se dirigeaient vers Montréal. Il s'est ainsi fait bien des ennemis, ce qui a mené à la construction de ce qui pourrait bien être le seul moulin-forteresse au monde. C'est Don Quichotte qui aurait aimé!

HORAIRE
Tous les jours, de 9 h à 18 h, de la mi-mai à août; la fin de semaine et les jours fériés, de midi à 18 h, de septembre à l'Action de grâces.

PRIX D'ENTRÉE
Gratuit.

RENSEIGNEMENTS
(514) 453-5936.

TRAJET
Autoroute 20 Ouest jusqu'à l'île Perrot. Une fois sur l'île, emprunter le boulevard Don-Quichotte Sud et le suivre jusqu'au bout.

Photo: John Watson

La **nature** à son plus **beau** à
l'arboretum Morgan
Sainte-Anne-de-Bellevue
DURÉE DU TRAJET: 30 MIN

À la fin du XIXe siècle, le magnat du commerce James Morgan, propriétaire des magasins à rayons Morgan (les magasins La Baie, aujourd'hui), a fait l'acquisition de 21 lots agricoles à Sainte-Anne-de-Bellevue et à Senneville, à la pointe ouest de l'île. La fin de semaine, parents et amis s'y rendaient en train pour pique-niquer ou faire de l'équitation dans ce superbe domaine de 245 hectares. Aujourd'hui, trains et chevaux ont fait place au plus grand arboretum au Canada, ouvert au public toute l'année.

Depuis que l'université McGill l'a acquis, en 1945 (en fait, l'université ne l'a acheté qu'en partie, la famille Morgan lui ayant fait don du reste), l'arboretum (du latin *arbor*, «arbre») est consacré à la préservation des arbres et arbustes. Il s'agit d'ailleurs de la première ferme forestière enregistrée au Québec (en 1953). Grâce au travail remarquable qu'y font les bénévoles depuis plus de 50 ans, l'arboretum compte maintenant 150 espèces d'arbres et d'arbustes, et plus de 350 variétés d'autres plantes.

L'attrait de l'arboretum réside aussi dans la qualité de l'aménagement. Une promenade dans les larges sentiers soigneusement entretenus vous permet d'admirer 20 collections d'arbres différentes. On passe par exemple d'un verger à un champ, puis à une allée bordée de bouleaux. Un endroit tout particulièrement intéressant est la forêt d'épinettes, de cèdres et de genévriers, aménagée dans un ravin. Dans les jardins botaniques, les arbres sont souvent taillés minutieusement; à l'arboretum ils ont un petit air sauvage, comme si on avait décidé de remiser les sécateurs... Fait à noter, bon nombre des espèces sont clairement identifiées.

L'érablière de l'arboretum, qui compte des arbres vieux de 200 ans, est l'une des dernières zones boisées vierges de la région de Montréal; la seule autre à n'avoir jamais subi de coupe se trouve au parc-nature du Bois-de-Liesse.

Pendant la belle saison, il y a toujours un coin en fleurs: les pommiers, les rosiers, les magnolias, les lilas ou les fleurs sauvages des champs. Des tables sont prévues pour les pique-niqueurs au centre de conservation, qui est doté de toilettes et d'un casse-croûte.

Ceux qui veulent faire une visite autoguidée n'ont qu'à se procurer le guide des sentiers. Deux portent sur l'aménagement forestier (un de 1,2 km et un de 1,8 km); on y apprend les principaux facteurs qui influent sur la croissance d'une forêt. Il y a aussi un sentier écologique de 2 km qui permet d'examiner de plus près fougères et microhabitats des zones marécageuses.

L'hiver, l'arboretum offre 20 km de sentiers, dont 7 km de pistes entretenues pour le ski de fond. Le sentier principal est déneigé sur 1,5 km pour la marche.

L'arboretum organise diverses fins de semaine spéciales pendant l'année. À la mi-décembre, le centre de conservation se transforme en boutique l'espace d'une journée; on y vend alors de l'artisanat de la région. L'arboretum vend également des arbres de Noël en décembre.

Au début de mars se tient un festival du printemps proposant des activités pour tous les goûts. Entre autres choses, les célèbres bûcherons Macdonald y donnent un spectacle de scie à main, de sciotte, de hachage et de lancer de hache. L'après-midi, les enfants peuvent prendre part à des compétitions sans danger pour «petits» bûcherons...

Plus tard en mars, il ne faut pas manquer la partie de sucre; outre les produits de l'érable, de la tourtière, des fèves au lard et d'autres mets traditionnels sont servis.

HORAIRE

Tous les jours, de 10 h 30 à 16 h, à longueur d'année. Fins de semaine spéciales réservées aux membres en hiver.

PRIX D'ENTRÉE

Adultes: 4$; enfants: 2$; moins de 5 ans: gratuit.

RENSEIGNEMENTS

(514) 398-7812.

TRAJET

Autoroute 40 Ouest (route Transcanadienne) jusqu'à la sortie 41 (Sainte-Anne-de-Bellevue). Direction chemin Sainte-Marie. Tourner à gauche au chemin des Pins.

Loups et caribous vous attendent
à l'Écomuséum
Sainte-Anne-de-Bellevue

DURÉE DU TRAJET: 30 MIN

Photo: Estelle Bolker

L'Écomuséum est un véritable petit éden faunique. Roger Bider, de l'université McGill, en a eu l'idée après avoir visité, en 1965, le Arizona Sierra Museum, où des animaux sauvages sont gardés dans des enclos qui reproduisent leur milieu naturel. Au début des années 80, il a commencé à faire transporter de la terre à un ancien site d'enfouissement de l'ouest de l'île. Il n'avait pas sitôt terminé qu'un homme lui amenait deux oursons orphelins. Comment refuser? Il leur a construit un petit logis...

Les ours sont toujours là, mais ils sont aujourd'hui accompagnés de caribous, de loups, de renards arctiques, de ratons laveurs, de mouffettes, de porcs-épics, de coyotes, de loutres, de cerfs, de lynx, de serpents et de tortues, entre autres. L'Écomuséum s'était donné pour objectif de réunir les principales espèces vivant dans la vallée du Saint-Laurent. Mission accomplie: on y trouve plus de 40 espèces dans les milieux aménagés le long de beaux sentiers.

L'Écomuséum est un centre d'observation de la faune et non un jardin zoologique. Son rôle est davantage d'ordre éducatif. Et à mon avis, les zoos auraient avantage à s'en inspirer. La plupart des enclos sont vastes et conçus en tenant compte des besoins des animaux. On y laisse les animaux vivre selon leurs habitudes. Ainsi, en hiver, on ne voit pas les ours parce qu'ils hibernent, pas plus que les porcs-épics et les ratons laveurs, qui ont tendance à se tenir à l'écart. Et on ne fait aucun effort pour les tirer de leur cachette.

L'un des principaux attraits est la volière, dans laquelle on peut circuler à pied parmi les 14 espèces d'oiseaux, aquatiques ou autres, qui évoluent sous un immense filet. Une promenade serpente entre les divers milieux aménagés, dont un marais et un joli petit boisé de sumac et de cèdre. L'enclos des corbeaux et des corneilles constitue aussi une attraction. Ces oiseaux sont vraiment très loquaces et semblent adorer la compagnie des humains.

Il fut une époque où les loups n'étaient pas rares, dans la vallée du Saint-Laurent. L'Écomuséum en possède deux, et ils sont superbes. Le mâle est gros et c'est un loup commun de race pure. La femelle, plus petite, a du sang de loup commun, de loup arctique et de chien.

L'Écomuséum compte également une collection impressionnante d'oiseaux de proie, acquise du centre des rapaces de McGill. Il s'agit d'oiseaux blessés qui ne pourraient survivre dans la nature. La plupart se tiennent sur une cabane qui ressemble à une niche et sont retenus par un câble qui est suffisamment long pour leur permettre d'aller se poser sur un perchoir.

À cause, peut-être, de l'entrée qui ressemble à celle d'un bunker, les gens négligent souvent de visiter l'étang expérimental de pisciculture. Pourtant, il en vaut la peine. On y a une vue à ras du sol de la vie dans un étang. Cependant, à cause des algues, il n'est pas toujours facile d'apercevoir des poissons. L'hiver, elles meurent, l'eau est donc plus claire.

L'Écomuséum organise deux événements spéciaux pendant l'année. La fin de semaine de Pâques, le personnel cache des centaines de pinces à linge que l'on peut échanger contre des œufs en chocolat. La dernière fin de semaine d'octobre, on donne l'occasion à certains visiteurs de rendre leur liberté aux canards blessés qui ont été soignés à l'Écomuséum.

HORAIRE
Tous les jours, de 9 h à 17 h, à longueur d'année (fermé à Noël et au jour de l'An).

PRIX D'ENTRÉE
Adultes: 4$; enfants de 5 à 12 ans (doivent être accompagnés): 2$; groupes d'élèves de 5 à 12 ans: 4$; moins de 5 ans: gratuit.

RENSEIGNEMENTS
(514) 457-9449.

TRAJET
Autoroute 40 Ouest (route Transcanadienne) jusqu'à la sortie 44 (boul. Morgan). À l'arrêt, tourner à gauche. Suivre le chemin Sainte-Marie vers l'ouest. L'entrée de l'Écomuséum est à droite.

Parcs-nature
de la CUM – Ouest de l'île

**DURÉE DU TRAJET: DE 20 À 30 MIN,
SELON LE PARC**

Il y a trois accès au parc-nature du Bois-de-l'Île-Bizard, mais il est à conseiller de passer d'abord au chalet d'accueil, où se trouvent le comptoir de renseignements, le casse-croûte et les toilettes. On peut y louer des kayaks ou des canots, ou encore des bicyclettes.

La plage est petite, mais jamais bondée. L'eau n'est pas profonde, ce qui est idéal pour les petits. Des tables à pique-nique et un pavillon surplombant le lac et la plage sont aménagés dans une pointe gazonnée d'où les couchers de soleil sont très beaux; attention toutefois de ne pas oublier l'insectifuge...

Dans l'aire de conservation, il y a un grand marais qu'enjambe une passerelle d'un demi-kilomètre et divers sentiers qui parcourent des forêts de hêtres, de cèdres et d'érables.

Le parc-nature du Cap-Saint-Jacques est le plus grand et le plus éloigné des parcs-nature, et celui qui offre le plus de variété. Ceinturé de plans d'eau, il propose 27 km de sentiers servant aussi de pistes cyclables, une très grande plage et une ferme écologique.

Les sentiers qui sillonnent l'érablière font la joie des randonneurs en automne et des skieurs de fond, l'hiver.

Le parc compte aussi plusieurs aires de pique-nique, la plupart avec vue sur le lac des Deux Montagnes. Toutes sont bien entretenues, dotées de toilettes et équipées pour les barbecues. La plus belle est l'Embouchure, d'où on voit le lac, la rivière des Prairies et Oka, à l'horizon.

La ferme écologique comprend deux étables et une serre ouverte aux visiteurs. Le potager, aménagé suivant de grands arcs, est superbe, et les animaux sont remarquablement bien soignés. Il y a aussi un restaurant et une grande aire de pique-nique.

La plage publique donnant sur le lac des Deux Montagnes est très courue. Elle est à 1 km de marche du stationnement le plus près. Pour 1,25$, on peut prendre le petit train qui fait la navette entre le stationnement principal et la plage.

Le parc-nature du Bois-de-Liesse s'étend sur 193 hectares, soit à peu près la superficie du mont Royal. Comme les deux autres, il est très bien tenu. Les sentiers et pistes cyclables sont entretenus minutieusement.

Le parc est divisé en trois secteurs. Les sentiers de la péninsule suivent le ruisseau Bertrand, l'un des derniers ruisseaux de surface sur l'île. Ils comptent plusieurs beaux belvédères; des canards, des hérons et des cabanes de castor sont généralement au rendez-vous.

Le secteur des champs, lui, est parcouru de larges sentiers bordés de pierres. Certains sont entretenus et d'autres, laissés à l'état sauvage.

Le secteur Bois franc est le plus grand et le plus impressionnant. Les peuplements d'érables et de hêtres y sont magnifiques, et un large sentier se fraye un chemin dans une forêt saine et tapissée de fougères. Certains des arbres sont plus que centenaires. Une passerelle de style japonais permet de franchir la zone humide. Ici aussi, l'insectifuge n'est pas un luxe...

HORAIRE
Parcs: toute l'année.
Chalets (Cap-Saint-Jacques):
toute l'année.
Chalets (autres parcs): de la mi-avril à la mi-décembre.

RENSEIGNEMENTS
Parc du Bois-de-l'Île-Bizard:
(514) 280-8517. Parc du Cap-Saint-Jacques: chalet (514) 280-6871; ferme écologique: (514) 280-6743. Parc du Bois-de-Liesse: (514) 280-6720 ou (514) 280-6678.

TRAJET
Parc du Bois-de-l'Île-Bizard: Autoroute 20 ou 40 Ouest (route Transcanadienne) jusqu'à la sortie du boulevard Saint-Jean. Boulevard Pierrefonds Ouest, puis boulevard Jacques-Bizard jusqu'à l'île Bizard. Sur l'île, tourner à droite au chemin Cherrier; l'entrée est après les rapides et le traversier pour Laval. Parc du Cap-Saint-Jacques: Autoroute 40 Ouest (route Transcanadienne) jusqu'à la sortie du chemin Sainte-Marie. Chemin Sainte-Marie Ouest, puis chemin L'Anse-à-l'Orme Nord jusqu'au boulevard Gouin. Boulevard Gouin Est jusqu'à l'entrée. Parc du Bois-de-Liesse: Autoroute 20 ou 40 Est (route Transcanadienne) jusqu'à l'autoroute 13. Autoroute 13 Nord jusqu'à la sortie du boulevard Gouin. Le parc est au 9432, boul. Gouin Ouest.

32

Au-delà de l'infini
au Cosmodôme
Laval

DURÉE DU TRAJET: 25 MIN

Photo: Bureau du tourisme de Laval

F ranchir les portes coulissantes du Cosmodôme, à Laval, c'est franchir les frontières du temps et de l'espace. L'éclairage y est voilé, comme on imagine qu'il l'est dans les stations spatiales, et les guides vous accueillent en combinaisons bleues, style NASA.

Le Cosmodôme est consacré exclusivement à l'histoire de l'aérospatiale, des télécommunications et de l'informatique. Le Cosmodôme, c'est un centre scientifique, une salle de jeux vidéo et un parc d'attractions tout à la fois.

On y trouve de superbes maquettes de missiles et de fusées – dont une reproduction grandeur nature du *spoutnik* – ainsi que de sites historiques voués à des cultes liés à l'astronomie, tels que Stonehenge et les temples mayas.

À un autre endroit, il y a une maquette du système solaire comprenant une immense demi-sphère lumineuse représentant le Soleil. Les planètes y sont reproduites à l'échelle; chacune est entourée d'un petit bassin montrant à quoi ressemblerait sa surface: des fougères dans le cas de la Terre, un sol carbonisé par l'acide sulfurique pour Vénus. Dans les bassins de Jupiter, Saturne, Uranus et Neptune, des cristaux de glace sèche flottent...

La grosseur des planètes est à l'échelle, mais pas la distance qui les sépare: en effet, en supposant que Montréal soit le Soleil, il aurait fallu placer la Terre et Mars près d'Ottawa, Pluton à Vancouver et Uranus dans la région de Winnipeg! Un écran vidéo décrit chaque planète et présente la simulation informatique d'un voyage à sa surface.

Le son ne voyage pas dans le vide: pour vous en convaincre, on a placé une cloche dans une enceinte en verre. Si on appuie sur un bouton, l'air est évacué de l'enceinte et la sonnerie finit par s'éteindre.

Un autre montage est consacré aux communications par satellite. On peut, grâce à un système ingénieux, parler à une personne se trouvant loin de soi: une antenne parabolique transmet le son par voie aérienne à une autre antenne parabolique faisant office de satellite. Le son est acheminé par fil à une troisième antenne, puis par voie aérienne à une quatrième antenne qui reçoit le «signal».

On s'en voudra de rater le formidable spectacle multimédia *La Route des étoiles*; des films, des diapositives et des hologrammes sont projetés sur 360° au moyen de 3 500 fibres optiques. Le spectacle est instructif, divertissant et tout simplement épatant sur le plan technique. Les projections holographiques sont d'un tel réalisme que l'on a vraiment l'impression d'assister à l'incendie de la bibliothèque d'Alexandrie. Une autre scène nous montre des pommes qui flottent autour de Newton, telles des planètes... Pour ajouter à l'illusion, le théâtre circulaire s'incline, tourne, monte et descend, et les décors sont de parfaits trompe-l'œil.

Il y a aussi un camp spatial que l'on ouvre au public à diverses reprises pendant l'année. On peut y faire l'essai de sept simulateurs de voyages dans l'espace. L'un deux ressemble à une immense essoreuse à laitue. Il y a aussi le mur spatial, beaucoup moins mouvementé, où, tandis que l'on est attaché à une chaise reproduisant l'apesanteur, on doit essayer d'ouvrir des portes et de dévisser des écrous.

La fusée qui se trouve à l'extérieur du Cosmodôme est une réplique 3/4 d'Ariane IV, le lanceur de satellites européen qui a pris son envol pour la première fois en 1988. Les fusées Ariane ont mis en orbite plusieurs satellites canadiens, dont Anik E2 en 1991. La réplique, qui mesure 46 m, est aussi haute qu'un immeuble de 15 étages.

HORAIRE
Du mardi au dimanche, de 9 h à 17 h, à longueur d'année.

PRIX D'ENTRÉE
Adultes: 9,50$; étudiants: 7,50$; aînés et jeunes de 13 à 22 ans: 6,50$; enfants de 6 à 12 ans: 6,50$.

RENSEIGNEMENTS
(514) 978-3600.

TRAJET
Autoroute 15 Nord (autoroute des Laurentides) jusqu'à la sortie 9 (boul. Saint-Martin Ouest). Suivre les indications (le Cosmodôme est à 3 km).

33

Du plaisir en toute saison au Centre de la nature Laval

DURÉE DU TRAJET: 40 MIN

Difficile d'imaginer que tant de Montréalais ignorent l'existence du Centre de la nature de Laval. Ce parc, qui a plus de 20 ans, accueille chaque année plus de un million de visiteurs et offre une foule d'activités pour toute la famille. Il y a des animaux de ferme, des cerfs de Virginie, une serre tropicale et la plus grande patinoire extérieure de la région; que demander de plus? Le plus merveilleux, c'est qu'il est facile de s'y rendre en voiture et que tout cela est gratuit!

Le Centre de la nature est situé dans une ancienne carrière, à la pointe est de l'île Jésus, un peu à l'ouest du pont Pie IX. Le parc est soigneusement aménagé, mais il reste des traces du passé, notamment les escarpements qui plongent dans le vaste lac artificiel qui submerge l'ancienne carrière.

Les enfants vont adorer la petite étable; propre et moderne, elle est située en face de l'entrée, de l'autre côté du lac. Une vache, un cheval, des faisans, un cochon de plus de 300 kg et même un chat et quelques souris y habitent... Il y a aussi un étang intérieur pour les canards.

Le bâtiment adjacent abrite une serre qui regorge de plantes tropicales et d'oiseaux exotiques en liberté et en captivité. La serre dispose aussi d'un bassin dans lequel évoluent des carpes japonaises appartenant au Jardin botanique de Montréal. Il s'agit d'une mesure préventive: en séparant le groupe de carpes en deux, on évite qu'elles soient emportées d'un coup par une maladie. Chacun de ces magnifiques poissons vaut plusieurs milliers de dollars: pêche interdite, donc!

Au sommet de la colline, derrière l'étable et la serre, une autre surprise attend le visiteur: un enclos où gambadent neuf cerfs de Virginie.

Les installations sont accessibles l'hiver. Le parc propose alors 3 km de sentiers de randonnée et 7 km de pistes de ski de fond entretenues pour le pas alternatif et le pas de patin. Il y a aussi une petite colline où l'on peut faire de la luge, mais la pièce maîtresse est l'immense patinoire aménagée sur le lac artificiel. Elle équivaut à environ 18 patinoires de hockey! Seul inconvénient: le lac est très profond, la glace prend donc un peu plus de temps à se former. Les patineurs doivent téléphoner à l'avance pour s'informer de l'état de la glace. Les dirigeants du parc prétendent que c'est la plus belle patinoire extérieure au Québec, et il est difficile de les contredire. On en fait même l'entretien à la resurfaceuse (la «Zamboni»)! La seule autre patinoire extérieure entretenue à la resurfaceuse est celle du bassin Bonsecours, dans le Vieux-Montréal.

On peut louer des patins, les faire aiguiser ou prendre une collation au chalet situé au bord du lac.

Le Centre offre un nombre incroyable d'activités gratuites pour la famille, tant l'hiver que l'été. La plupart des fins de semaine et pendant les congés scolaires, on organise des activités spéciales. Lors de la dernière fête de la Saint-Jean, plus de 70 000 personnes se sont réunies au parc pour un concert extérieur.

HORAIRE
Chalet et autres bâtiments: de 9 h à 22 h.
PRIX D'ENTRÉE ET AUTRES FRAIS
Entrée libre et stationnement gratuit.
RENSEIGNEMENTS
(514) 662-4942.
TRAJET
Autoroute 15 Nord (autoroute des Laurentides) jusqu'à l'autoroute 440 (autoroute de Laval). Autoroute 440 Est jusqu'à l'autoroute 19 (autoroute Papineau). Autoroute 19 Sud (vers Montréal) jusqu'à la sortie 5 (boul. de la Concorde). Boulevard de la Concorde Est jusqu'à l'avenue du Parc. Le parc est délimité par le boulevard de la Concorde au sud, le boulevard Saint-Martin au nord et l'autoroute 25 à l'est. L'entrée principale donne sur l'avenue du Parc. Le Centre est accessible par transport en commun; appeler au Centre pour obtenir les indications.

34

Parcs-nature
de la CUM —
Est de l'île

DURÉE DU TRAJET : DE 20 À 30 MIN

L e parc-nature de l'Île-de-la-Visitation est peut-être le plus petit des parcs-nature de la CUM (il n'occupe que 33 hectares), mais c'est le plus couru. Petit paradis insulaire, il est situé dans un district vieux de 300 ans, celui d'Ahuntsic. Il propose bâtiments historiques et superbes paysages.

Depuis le kiosque d'information, on peut se rendre au cœur de l'île par des promenades en bois, puis revenir par un sentier qui passe dans les ruines d'un ancien moulin. Le parc compte 2,5 km de pistes cyclables, 6,9 km de sentiers de randonnée et trois aires de pique-nique (les seules toilettes se trouvent toutefois au kiosque d'information).

Une exposition à l'intention des enfants est présentée à la maison du Pressoir; elle traite de l'époque où Ahuntsic était un petit village distinct de Montréal. Un des attraits est le pressoir à pommes duquel l'endroit tire son nom. On peut y obtenir un dépliant permettant de faire une visite à pied de 25 bâtiments historiques du district, dont la superbe église de la Visitation, qui date de 1752; c'est la plus vieille église de Montréal.

En 1928, on a dû niveler l'île pour l'aménagement d'un barrage hydroélectrique. La végétation est donc toute jeune; chaque année, le personnel du parc y ajoute des arbres et arbustes à fleurs. Un joli belvédère surplombe le barrage et un mur recouvert de mousse. Les canards et les hérons sont de la partie, tout comme les pêcheurs, bien souvent. Cependant, embarcations et planches à voile sont interdites, le niveau de l'eau fluctuant trop.

Le parc-nature de Pointe-aux-Prairies, pour sa part, se trouve tout près de l'intersection de la rue Sherbrooke et du boulevard Gouin. Il enjambe la rivière des Prairies et le Saint-Laurent. On y trouve 13,5 km de pistes cyclables et sentiers, dont 3 km réservés exclusivement à la randonnée pédestre. Il compte plusieurs aires de pique-nique et trois kiosques d'information.

La rivière des Prairies est probablement le plus bel attrait du parc. C'est là qu'on trouve le seul marais de l'île de Montréal, et le gibier d'eau abonde. Une passerelle en bois franchit une partie du marais et une plate-forme de bois est aménagée pour les pique-niques. Au kiosque d'information, il y a une tour d'observation en pierre et une éolienne.

Le kiosque est raccordé à l'extrémité nord du parc par une étroite bande de terre qui contourne la station d'épuration des eaux usées de la CUM et passe sous l'autoroute 40. Ce parcours peut sembler rebutant, mais c'est tout le contraire. Le seul inconvénient, c'est qu'on y est presque toujours exposé au soleil.

Au sud de l'autoroute, un sentier étroit serpente dans un vieux peuplement forestier composé essentiellement de bouleaux et d'érables. À l'extrémité sud du parc, un sentier plutôt raboteux mène au Saint-Laurent; il plaira aux adeptes de la randonnée et du vélo de montagne. Au printemps, toutefois, il est parfois très boueux.

Île-de-la-Visitation

HORAIRE
Du 26 avril à la fête du Travail: de 10 h à 19 h; de la fête du Travail au 26 octobre: de 9 h 30 à 16 h 30; du 14 décembre au 15 mars: de 9 h 30 à 16 h 30.

PRIX D'ENTRÉE
Gratuit.

RENSEIGNEMENTS
(514) 280-6733.

TRAJET
Autoroute 40 Est (boulevard Métropolitain) jusqu'à la sortie Papineau. Rue Papineau Nord jusqu'au boulevard Henri-Bourassa. Boulevard Henri-Bourassa Est jusqu'au troisième feu. Rue de l'Île-de-la-Visitation Nord, puis boulevard Gouin Est sur 200 mètres. L'entrée du parc se trouve à la gauche.

Pointe-aux-Prairies

HORAIRE
Du 26 avril à la mi-octobre: de 11 h à 17 h.

PRIX D'ENTRÉ
Gratuit.

RENSEIGNEMENTS
(514) 280-6691.

TRAJET
Autoroute 40 Est (boulevard Métropolitain) jusqu'à la sortie 85 (boulevard Saint-Jean-Baptiste). Boulevard Saint-Jean-Baptiste Nord jusqu'au boulevard Gouin. Boulevard Gouin vers l'est jusqu'à l'une des deux entrées: le 14 905 ou le 12 300, boulevard Gouin Est.

35

Musée
ferroviaire canadien
Saint-Constant

DURÉE DU TRAJET: 30 MIN

Monter à bord d'un tramway ou d'un train diesel, ou encore envoyer un message par télégraphe sont choses possibles au Musée ferroviaire canadien. Y sont exposés les locomotives et wagons les plus anciens, les plus récents, les plus gros et les plus petits. Tout ce qui roule sur rails s'y trouve: fourgons de queue, voitures de voyageurs, tramways, etc. – au total, plus de 120 véhicules. Le Musée loge dans deux grands hangars; on peut donc y passer une belle journée, même quand il pleut.

Il y a au Musée l'un des tramways qui sillonnaient autrefois la rue Sainte-Catherine. Après avoir retiré du service les derniers tramways, la Ville de Montréal les a tous transportés (il y en avait 200) dans un champ du nord de l'île pour les faire brûler. C'est à la toute dernière minute qu'on a décidé d'épargner celui qui est maintenant au Musée: c'est qu'il porte le numéro 1959, année où les tramways ont cessé de circuler à Montréal.

Le premier tramway à boîte de perception au monde, mis en service à Montréal en 1925, fait également partie de la collection, tout comme le wagon-école, une invention canadienne. De 1927 à 1967, on se servait de ce genre de wagon dans les villes situées sur les lignes ferroviaires du nord de l'Ontario. Chaque train-école était formé de deux wagons équipés d'une cuisine, d'un séjour et d'une salle de classe de 15 places (dès qu'un village comptait au moins 16 enfants d'âge scolaire, il était autorisé à faire construire une école). Le train était garé pendant les cours, mais se déplaçait chaque semaine. Les élèves n'avaient qu'une semaine de classe par mois.

La Dominion of Canada, construite en 1937, est une locomotive à vapeur qui sort de l'ordinaire, tant par son profil aérodynamique que par ses couleurs vives. On l'avait conçue pour qu'elle soit rapide, et elle l'était: en 1939, elle a fracassé un record mondial en atteignant la vitesse de 200 km/h. Le «passage secret» du long de la chaudière attirera sûrement les enfants. La légende veut que, si l'on tend l'oreille, on puisse y entendre le fantôme qui vit à l'intérieur...

Le Golden Chariot, tramway à ciel ouvert aux sièges très ouvragés, aux dorures métalliques et aux boiseries jaune pastel est remarquable. À une époque où l'on pouvait acheter sept billets pour 25¢, il fallait débourser 50¢ pour faire une visite de Westmount et du mont Royal à bord du Golden Chariot...

Et que dire de la locomotive Selkirk 5935? Elle a été construite en 1949, alors qu'on s'affairait à remplacer les locomotives à vapeur par des modèles diesels-électriques. Le Canadien Pacifique voulait avoir la plus grosse locomotive au monde. L'objectif a été atteint avec la Selkirk: 10 m de haut, 30 m de long et 365 tonnes – un monstre!

Les dimanches d'été, la John Molson, réplique noir, rouge et laiton d'une locomotive à vapeur construite en 1849 prend le départ au début de l'après-midi. On commence à en attiser le feu le matin, car il faut quatre heures avant que la pression de la chaudière soit suffisante pour faire fonctionner le moteur.

Le dimanche, il est aussi possible de faire un parcours à bord d'une locomotive diesel ou d'envoyer un vrai télégramme depuis la gare Barrington, construite en 1882.

HORAIRE

De la mi-mai à la fête du Travail, de 9 h à 17 h.

PRIX D'ENTRÉE

Adultes: 5,25$; étudiants et aînés: 4,25$; enfants de 5 à 12 ans: 2,75$; moins de 4 ans: gratuit. Les prix sont moins élevés la semaine. Forfaits familiaux.

RENSEIGNEMENTS

(514) 632-2410.

TRAJET

Pont Mercier, puis sortie La Prairie. Route 132 Est. Au cinquième feu de circulation, tourner à droite et suivre la route 209 Sud. Le Musée est juste avant la voie ferrée, à gauche.

Le musée Marsil
du costume, du textile et de la fibre
Saint-Lambert

DURÉE DU TRAJET: 20 MIN

Photo: Pierre-Oner Castonguay

Voilà un musée dont le nom est presque aussi étendu que les locaux! Il est en effet situé dans une maison historique en pierres des champs qui serait jugée petite, de nos jours: il n'y a qu'une pièce à chaque étage. Pourtant, elle convient parfaitement à ce musée; on ne s'y sent pas coincé entre les présentoirs, et l'endroit est assez grand pour qu'on puisse y présenter de belles expositions préparées avec beaucoup de minutie. Selon le thème de l'exposition, vous y verrez peut-être les costumes d'une grande pièce de théâtre, ou encore une collection de vêtements à la mode. De plus, des activités sont toujours prévues pour les petits, le dimanche après-midi.

La maison date de 1750; c'est l'une des premières à avoir été construite à Saint-Lambert. Elle est très caractéristique de l'époque: avant-toit en forme de cloche qui avance au-dessus de l'entrée et lucarnes qui découpent le toit (les lucarnes étaient populaires en ce temps-là: elles rendaient habitable ce que l'on déclarait n'être qu'un grenier, tout au moins à l'impôt foncier...).

La maison a fait l'objet de nombreuses rénovations, mais les larges planches du plancher et les poutres sont celles d'origine. Et bien qu'il ne soit qu'à deux pas de l'autoroute 20, le musée offre l'ambiance chaleureuse et paisible d'une maison de campagne. Des familles y ont d'ailleurs habité au début du siècle.

Au musée, on considère que les vêtements ont un caractère d'universalité, qu'ils sont non seulement l'expression de goûts personnels, mais aussi des témoins des valeurs politiques, économiques et culturelles des peuples. Ainsi, l'exposition *Les Trames de la culture: Costumes et textiles du monde* nous montrait les similitudes entre un *amauti* inuit, immémorial, et un tailleur Christian Dior des années 1950. De même, elle faisait ressortir les ressemblances entre le vêtement de Ghandi et les manteaux gris à capuchon, en étoffe du pays, que portaient les Patriotes en 1837...

Souvent, les vêtements présentés sont exceptionnels et très rares. Une robe de bal victorienne, parée de centaines de perles, y a déjà été exposée. Le musée reste tout de même de son temps: durant l'exposition *Le Look des jeunes*, en 1996, on invitait des élèves du primaire à faire temporairement don de leur vêtement préféré...

Petit musée au vaste rayonnement que le musée Marsil: la plupart des expositions sont organisées en collaboration avec plusieurs établissements, dont le Museum for Textiles, à Toronto, le Musée McCord d'histoire canadienne, à Montréal, et le Musée canadien des civilisations, à Hull. Les résultats sont toujours probants. Ceux qui visiteront le musée à diverses reprises remarqueront combien les expositions changent d'une fois à une autre.

Fort de son excellente réputation, le musée Marsil est souvent l'hôte d'expositions itinérantes. En 1995, par exemple, on y a présenté une exposition comprenant notamment les 20 plus belles courtepointes au pays, tant dans les styles traditionnel que moderne. C'était la première fois que cette exposition, commanditée par Rodman Hall, de St. Catherines, en Ontario, était présentée au Québec.

Le musée peut accueillir des groupes d'étudiants; des activités sont toujours prévues pour les enfants. Les ateliers du dimanche (de 14 h à 16 h) sauront plaire aux enfants de tous âges. À ne pas rater: les ateliers spéciaux de Noël, qui se tiennent au début de décembre.

HORAIRE
Du mardi au vendredi, de 10 h à 16 h; du samedi au dimanche, de 13 h à 16 h. Fermé entre les expositions.

PRIX D'ENTRÉE
Adultes: 2$; étudiants et aînés: 1$; moins de 12 ans: gratuit.

RENSEIGNEMENTS
(514) 671-3098.

TRAJET
Pont Champlain (voie de droite), puis autoroute 20 Est vers Longueuil jusqu'à la sortie 6. Le musée est à l'angle des rues Riverside et Notre-Dame.

Montérégie

La Montérégie est une région très vaste: elle prend naissance aux confins ouest de Montréal, enveloppe l'île au sud, puis

Photo: Centre de conservation de la

s'étend au nord le long du Richelieu, et à l'est vers l'Estrie et le Cœur-du-Québec. C'est avant tout une région agricole, mais elle compte des boisés protégés, quelques montagnes et un réseau de voies d'eau qui n'a pas son pareil au Québec.

Trop souvent, malheureusement, les Montréalais ne passent en Montérégie que pour se rendre au

Vermont ou dans l'État de New-York. Pourtant, la Montérégie est une région tout indiquée pour les petites escapades et ce, à

longueur d'année. On peut notamment y cueillir des pommes à l'automne, et y faire du ski de fond, du patinage et de la raquette en

hiver. La Montérégie a un riche bagage historique

dont témoignent trois forts, deux sur le Richelieu et un sur le Saint-Laurent. Et comme si ce n'était pas déjà suffisant, la région compte plusieurs belles plages sablonneuses.

Dans cette section, vous découvrirez aussi des musées, une ferme apicole, un vivarium, un refuge d'oiseaux ainsi qu'une petite surprise ontarienne: le marais Cooper, endroit magnifique qui vaut bien un petit saut de l'autre côté de la frontière.

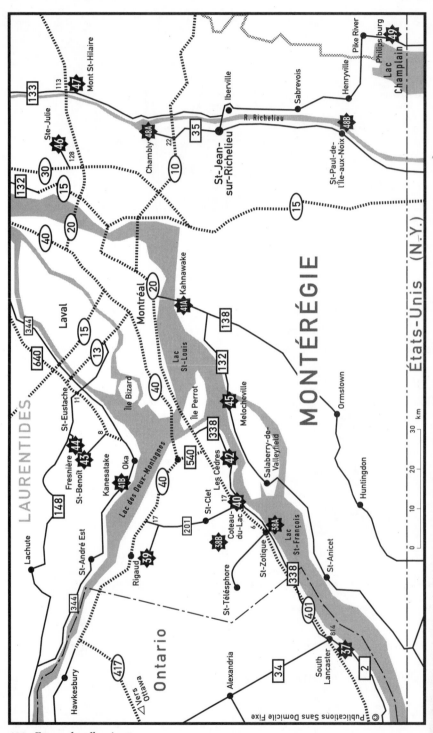

Destinations

37 Aire de conservation
du marais Cooper
South Lancaster (Ontario)
(613) 347-1332
p. 104

38A Plage Saint-Zotique
Saint-Zotique
(514) 267-9335
p. 106

38B Plage Le Sablon
Saint-Polycarpe
(514) 265-3564 ou (800) 267-3564
p. 106

39 Sucrerie de la Montagne
Rigaud
(514) 451-5204
p. 108

40 Lieu historique national
de Coteau-du-Lac
Coteau-du-Lac
(514) 763-5631
p. 110

41A Pow-wow de Kanesatake
Kanesatake
(514) 479-8811 ou (514) 479-8093
p. 112

41B Pow-wow de Kahnawake
Kahnawake
(514) 632-8667
p. 112

42 Centre de plein air
Les Forestiers
Les Cèdres
(514) 452-4736
p. 114

43 Ferme apicole Intermiel
Saint-Benoît, près d'Oka
(514) 258-2713 ou
(800) 265-MIEL (6435)
p. 116

44 La ferme de reptiles Exotarium
Près de Saint-Eustache
(514) 472-1827
p. 118

45 Parc archéologique de la
Pointe-du-Buisson
Melocheville
(514) 429-7857
p. 120

46 Électrium
Sainte-Julie
(514) 652-8977
p. 122

47 Centre de conservation
de la nature Mont-Saint-Hilaire
Mont-Saint-Hilaire
(514) 467-1755
p. 124

48A Lieu historique national du Fort-
Chambly
Chambly
(514) 658-1585
p. 126

48B Lieu historique national
du Fort-Lennox
Saint-Paul-de-l'Île-aux-Noix
(514) 658-1585
p. 126

49 Refuge d'oiseaux migrateurs de George
H. Montgomery
Philipsburg
(514) 637-2141
p. 128

Renseignements touristiques

Association touristique régionale de
Montérégie: (514) 674-5555

Bureau de tourisme de Chambly
(en saison): (514) 658-0321

Bureau de tourisme de Mont-Saint-
Hilaire (en saison): (514) 446-1833

Bureau de tourisme de Salaberry-
de-Valleyfield: (514) 377-3727

Bureau de tourisme de Saint-Jean-
sur-Richelieu: (514) 346-4943

Saint-Paul-de-l'Île-aux-Noix
(en saison): (514) 246-3227

Aire de conservation du
marais Cooper
South Lancaster (Ontario)

DURÉE DU TRAJET: 1 H 15 MIN

L'observation, c'est au crépuscule et à l'aube qu'elle doit se faire, vous diront les ornithologues. Mais au marais Cooper, aire de conservation située sur le lac Saint-François, à la frontière ontarienne, on peut en faire toute la journée. De nombreuses espèces d'oiseaux aquatiques et chanteurs, des rats musqués, des ratons laveurs, des tortues-alligators et des grenouilles y agrémentent les promenades. Il y a aussi un beau centre d'interprétation de la nature. L'attrait principal reste toutefois les sentiers qui sillonnent le marais.

Ceux-ci permettent d'observer divers milieux naturels dans une ambiance égayée par les canards, les oiseaux, les insectes et le bruit de l'eau. Et, agréable surprise, les moustiques et les gaz des marais ne sont pas un problème.

Les sentiers sont bien balisés, au moyen de dessins d'animaux et de codes de couleur. Le Sentier du rat musqué (3 km) est le plus long; il longe la plus grosse digue du marais. C'est aussi le plus ardu. Il saura plaire aux amateurs de rats musqués, de visons et de tortues-alligators. La Promenade du héron (2 km), elle, borde une autre digue.

La Promenade des hirondelles (1 km) et la Marche canard malard (1,3 km) sont aussi très belles et proposent de longues et larges passerelles aux garde-fous solides. La Promenade des hirondelles suit un parcours enchanteur dans le marais boisé. La Marche canard malard, elle, serpente le marais ouvert et

---

permet de voir des plantes émergées et des quenouilles. Elle mène aussi à une tour et à des caches qui permettent de faire de l'observation.

Des panneaux bilingues décrivent les écosystèmes. On y apprend notamment que les marais, en plus d'être le refuge de nombreux animaux, décomposent les produits chimiques complexes (les phosphates, notamment) et purifient l'eau. La pellicule d'aspect huileux qui se forme parfois à la surface du marais n'est donc pas un signe de pollution, mais bien de santé.

L'aménagement de la Voie maritime du Saint-Laurent, en 1959, a fait diminuer le niveau du marais; la construction d'une centrale électrique à Cornwall a aggravé les choses. Et, dans les années 70, la menace du développement urbain s'est ajoutée. C'est alors que Bill Cooper a réuni un groupe qui a fait l'acquisition du marais. Pour la construction des digues, il a profité du soutien technique de Canards Illimités: le marais Cooper était né.

Les oiseaux aquatiques ont besoin idéalement d'un marais à moitié ouvert et à moitié végétal. Au marais Cooper, il faut donner un coup de pouce à la nature: au printemps, de l'eau doit être pompée dans le marais. Il y a encore un peu trop de végétation, mais les oiseaux aquatiques ne semblent pas trop s'en formaliser: il y en avait 12 espèces au départ; on en compte maintenant 150!

Au centre d'accueil des visiteurs, bâtiment moderne, on trouve des expositions d'oiseaux empaillés et d'appelants ainsi que des animaux vivants, dont des mantes et une tortue-alligator. Selon les saisons, des exposés, des ateliers et des expéditions de baguage des oiseaux sont organisés. Il n'y a ni cafétéria ni casse-croûte, mais des tables à pique-nique et des foyers pour barbecue sont aménagés devant l'entrée, à l'ombre d'une demi-douzaine de saules pleureurs.

On peut accéder au centre d'accueil des visiteurs et à la plupart des sentiers en fauteuil roulant.

HORAIRE
Centre d'accueil des visiteurs: tous les jours, de 8 h 30 à 16 h 30, à longueur d'année; aire de conservation: 24 heures sur 24; visites guidées: à 14 h, la fin de semaine.

PRIX D'ENTRÉE ET AUTRES FRAIS
Gratuit.

RENSEIGNEMENT
(613) 347-1332.

TRAJET
Autoroute 20 ou 40 Ouest (route Transcanadienne). En Ontario, l'autoroute 20 devient l'autoroute 401. Sortie 814 (Lancaster/Alexandria) et route 2 vers le sud. Faire 3 km (franchir South Lancaster); l'entrée du marais est du côté sud de la route.

Deux plages sablonneuses
de la Montérégie
À l'ouest de Montréal

DURÉE DU TRAJET: DE 40 À 50 MIN

On se sent chez soi à la jolie petite plage au sable doré de Saint-Zotique: la plupart des visiteurs sont des familles ou des adolescents de Montréal. Et le personnel porte un chandail bleu sur lequel le mot «Bienvenue» est inscrit en français, en anglais, en espagnol, en italien et en allemand...

La plage comprend un bassin surveillé de 125 m pour la natation. Comme c'est le cas pour la majorité des plages situées sur les lacs du Saint-Laurent, l'eau n'est pas profonde (1,70 m dans la zone la plus creuse). On peut louer des petits bateaux à voile et des planches à voile (les prix sont réduits pour les enfants de 8 à 12 ans), tout comme faire du pédalo dans les canaux qui passent entre les chalets.

On peut apporter du vin et de la bière sur la plage, pour autant qu'ils soient dans des contenants en plastique ou dans des cannettes. La plage compte 650 tables à pique-nique placées dans de vastes zones gazonnées et ombragées. Il est aussi permis d'apporter son barbecue. Enfin, il y a un casse-croûte.

Le terrain (payant) de mini-golf, le terrain de jeu et la pataugeoire font le bonheur des petits. La pataugeoire est munie de fontaines en forme de champignon, d'arrosoirs et de petites glissades. Pour les plus grands, il y a

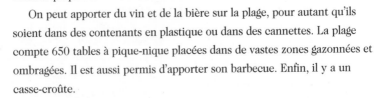

deux terrains de tennis (c'est gratuit, mais il faut apporter sa raquette) et deux terrains de volley-ball – un sur la plage et un dans l'eau (un dépôt est exigé pour les ballons).

Pour tremper dans une ambiance vraiment différente, c'est la direction de Saint-Polycarpe qu'il faut prendre. Quand j'étais adolescent, nous nous faufilions en douce dans ce qui n'était alors qu'une carrière de sable abandonnée, où l'eau pouvait atteindre 14 m de profondeur. Aujourd'hui, c'est le site de la plage Le Sablon. Elle est superbement aménagée et bordée de grands pins blancs. Les nombreuses activités possibles, les services offerts et la foule jeune font de l'endroit le «Baywatch» du Québec.

La plage principale forme un grand arc de sable blanc qui se fond dans le lac d'un bleu remarquable. Un animateur fait jouer des chansons populaires à un volume raisonnable. On trouve sur les lieux un restaurant-bar-terrasse, un dépanneur, des cabines pour se changer et des casiers verrouillables gratuits.

Une demi-douzaine de terrains de volley-ball sont aménagés pour les parties improvisées ou les tournois. Il se tient même un concours de beauté avec un volet masculin, le concours Monsieur Beau-Bonhomme... Des danses sur la plage et des concours de souque-à-la-corde sont aussi organisés. Les glissades en chambre à air sont très amusantes et il est possible de se balancer à la Tarzan pour ensuite faire un plongeon de 4 m dans l'eau.

On peut louer un pédalo, un canot, un aquacycle ou une planche à voile, ou encore faire de l'équitation, louer un vélo de montagne ou faire l'essai du tir à l'arc. La plage Le Sablon comporte un terrain de camping de 90 places.

HORAIRE

Les deux plages: tous les jours, de la mi-juin à la fin d'août, de 9 h à 20 h.

PRIX D'ENTRÉE

Plage Saint-Zotique – Adultes: 6$; moins de 12 ans: gratuit.

Plage Le Sablon – Adultes: 7$; étudiants: 6$; enfants de 6 à 11 ans: 4$; moins de 6 ans: gratuit.

RENSEIGNEMENTS

Plage Saint-Zotique: (514) 267-9335; Plage Le Sablon: (514) 265-3564 ou 1 800 267-3564.

TRAJET

Autoroute 20 Ouest (route Transcanadienne) jusqu'à la sortie 6 (Saint-Zotique).
Plage Saint-Zotique: tourner vers le sud et suivre les indications; la plage est tout juste à l'ouest du village.
Plage Le Sablon: faire 5 km vers le nord, en direction de Saint-Télésphore. Suivre les panneaux bleus jusqu'à l'entrée, chemin Saint-Philippe.

39

Sucrerie
de la Montagne
Rigaud

DURÉE DU TRAJET: 50 MIN

Photo: Sucrerie de la Montagne

Quand, il y a 20 ans, Sandy et Pierre Faucher ont ouvert leur érablière au sommet de la montagne de Rigaud, ils avaient un objectif bien précis en tête: aménager un endroit où les visiteurs pourraient passer une journée pour apprendre comment se fait le sirop d'érable, faire des randonnées à pied ou en ski, ou prendre un repas agrémenté des meilleurs produits de l'érable. Ils ont tenu leur pari: leur sucrerie des plus chaleureuses est l'une des plus grosses de la région. Le temps des sucres dure de mars à mai, mais à la sucrerie de la Montagne, il y a de quoi s'amuser à longueur d'année.

La sucrerie a l'aspect des érablières et camps de bûcherons d'antan. Parmi les bâtiments, il y a un moulin à scie, un magasin général qui vend des produits de l'érable et des cadeaux, et la cabane à sucre, où l'on fait bouillir l'eau d'érable des heures durant. En tout, il y a une demi-douzaine de bâtiments en bois rond réunis dans un bosquet de grands érables bien dégagés.

Chaque groupe de visiteurs est accueilli par l'un des membres du couple, vêtu à la manière des colons. Dans la cabane à sucre, vous apprendrez comment on entaille les érables et comment fonctionnent les évaporateurs au bois. À la sucrerie de la Montagne, pas de «pipeline»: on ramasse l'eau d'érable à l'ancienne, avec un cheval et une carriole. Quand il ne vente pas, on a droit au concert des gouttes qui tombent dans les quelque 5 000 seaux...

Chaque bâtiment a sa petite histoire, et des objets intéressants se cachent dans tous les recoins. La cabane principale saura plaire aux enfants: carpettes en peau d'ours, vieilles photographies sur les murs, oiseaux empaillés et... Coco le perroquet, fort volubile!

Il y a un foyer ou un poêle à bois dans la plupart des pièces. Ainsi, dans la boulangerie, il y a un énorme four en pierre des champs où l'on peut cuire 120 pains à la fois! C'est toutefois le magnifique foyer de la salle à manger qui retient le plus l'attention: fait de pierre des champs et de brique, il mesure 6 m de large et 1,5 m de haut!

La salle à manger est grande et accueillante avec ses planchers de bois et ses poutres équarries à la main. Les tables, superbes, sont en pin, et chacune est garnie d'une lampe à huile. Au menu, on trouve les mets typiques: soupe aux pois, pain frais, fèves au lard, relish et, évidemment, sirop d'érable. Tous les plats sont préparés sur place, y compris le succulent jambon fumé à l'érable.

La carte des vins propose divers rouges et blancs, du vin de bleuet et la boisson préférée des coureurs des bois, le caribou. Selon les Faucher, il faut en boire au moins huit verres avant que les cornes commencent à pousser... Une troupe folklorique égaye l'atmosphère pendant les repas. Enfin, il y a quatre chalets en bois rond mis à la disposition de ceux qui veulent passer la nuit pour aller faire de la raquette ou du ski de fond dans les 40 km de sentiers.

HORAIRE
À longueur d'année; le temps des sucres dure habituellement de la mi-mars à la mi-avril.

PRIX D'ENTRÉE ET AUTRES FRAIS
Visite gratuite; table d'hôte: environ 30$ par adulte.

RENSEIGNEMENTS
(514) 451-5204.

TRAJET
Autoroute 20 ou 40 Ouest (route Trans-canadienne); autoroute 417 Nord vers Ottawa jusqu'à la sortie 17 (Montée Lavigne/Saint-Clet). Tourner à gauche (vers le sud) à la route 201. Après 2 à 3 km, tourner à droite au rang Saint-Georges, superbe chemin qui serpente le flanc de la montagne de Rigaud. La sucrerie est située 6 km plus loin, à droite, au 300, rang Saint-Georges. (Des indications claires sont données à partir de l'autoroute 417.)

40

Lieu historique national
de Coteau-du-Lac
Coteau-du-Lac

DURÉE DU TRAJET: 45 MIN

Photo: J. Beardsell / Parcs Canada

C'est à Coteau-du-Lac qu'a été construit le premier canal à écluse en Amérique du Nord, en 1780. Il faisait 100 m de long sur 1,8 m de large, et n'était profond que de 80 cm; pas question de s'y aventurer en vraquier, évidemment... Il a toutefois permis aux barges de Durham de franchir les rapides du Saint-Laurent. Les canaux et barrages aménagés depuis ont beaucoup apaisé les rapides, mais ils sont encore très beaux à voir. Aujourd'hui, on peut visiter les ruines d'une fortification, déambuler dans le canal maintenant asséché et profiter d'une belle vue du Saint-Laurent et de la rivière Delisle.

Un sentier mène du stationnement au centre d'accueil des visiteurs, puis au site en tant que tel. Il conduit à diverses ruines, à des canons pointés vers le fleuve et aux rapides. Il est jalonné de panneaux explicatifs et de sculptures de métal rappelant les activités d'antan. Des guides-interprètes en costume d'époque sont sur place pour répondre aux questions. Il y a aussi des remparts où il fait bon s'étendre un peu.

Le blockhaus octogonal qui a servi à défendre le canal pendant la guerre de 1812 a été rebâti. À cette époque, 3 000 soldats y tenaient garnison. Il abrite maintenant des artefacts et offre une belle vue du fleuve.

À l'écluse, maintenant à sec, on trouve des silhouettes des travailleurs qui ont creusé le canal ainsi qu'une sculpture représentant l'une des barges de Durham. Malgré que le canal ne soit pas bien long, il fallait, avant son aménagement, décharger les barges, leur faire passer les rapides en les remorquant, puis les recharger plus loin.

À l'endroit où les Britanniques ont construit l'écluse, les Français avaient, en 1759, pratiqué un canal étroit protégé par une digue faite de pierres, de bois et de terre. On ne peut parler d'écluse, car l'ouvrage ne comportait pas de portes. Il faut vraiment ouvrir l'œil pour déceler les traces de ce premier canal. Il peut paraître banal aujourd'hui; il faut toutefois se rappeler que le niveau du fleuve était presque de 3 m plus élevé à l'époque, et que ces rapides étaient les plus agités du Saint-Laurent. Le lit du fleuve chutait de 2 m à cet endroit, et de 25 m sur 12 km.

Les canaux font aussi l'objet de travaux de réfection. C'est ce qui s'est produit en 1845, alors que le canal Coteau-du-Lac a été remplacé par le canal Beauharnois, aménagé sur la rive sud du Saint-Laurent. Il fut à son tour remplacé par le canal Soulange, construit en 1899 sur la rive nord. Enfin, en 1959, on a aménagé la Voie maritime du Saint-Laurent à l'emplacement de l'ancien canal Beauharnois.

Les pique-niques sont interdits dans cet endroit enchanteur; il y a toutefois des bancs où l'on peut faire une pause et grignoter un peu. Heureusement, il y a un parc à proximité, un peu plus à l'ouest, le long du chemin du Fleuve. Il y a là un gigantesque érable de 16 m qui fournit toute l'ombre souhaitée. Le parc est facile à repérer: il est près d'un terrain de base-ball.

Ceux qui préfèrent prendre un repas pourront s'arrêter à la Maison du tourisme, dont la terrasse surplombe la rivière Delisle. La rivière génère d'ailleurs presque toute l'électricité du restaurant.

HORAIRE
Tous les jours, de la mi-mai à la mi-octobre, de 10 h à 18 h.

PRIX D'ENTRÉE
Site: gratuit.
Centre d'accueil des visiteurs et blockhaus – Adultes: 2,50$; enfants de 6 à 16 ans: 1,25$; famille: 5,25$.

RENSEIGNEMENTS
(514) 763-5631.

TRAJET
Autoroute 20 Ouest jusqu'à la sortie 17 (Coteau-du-Lac). Suivre les indications.
Route panoramique: route 338 Sud à partir de Dorion, le long du canal Soulange. L'été, on peut apercevoir des gens qui font du kayak, de la plongée, de la pêche ou des pique-niques.

41

Pow-wow amérindiens à
Kahnawake
et Kanesatake

**DURÉE DU TRAJET: 20 MIN ET 50 MIN,
RESPECTIVEMENT**

Tous les ans, pendant la fin de semaine la plus rapprochée du 11 juillet – date anniversaire de la crise d'Oka –, les Mohawks de Montréal convient les autochtones et non-autochtones à leurs pow-wow, fêtes traditionnelles de danse et de musique. Le pow-wow de Kahnawake propose quelques-unes des meilleures compétitions de danse en Amérique du Nord; celui de Kanesatake conviendra davantage à ceux qui recherchent une atmosphère moins agitée.

Il y a quelque 500 pow-wow qui se tiennent en Amérique du Nord; celui de Kahnawake, sur l'île Tekakwitha, connaît la progression la plus rapide. Les gradins sont bondés, et il ne reste que des places debout pendant les compétitions, pendant lesquelles des concurrents venus de tout le continent se disputent une bourse totale de 30 000$.

Le pow-wow dure deux jours; il y a toutes sortes de danses traditionnelles, dont la danse libre, la danse des clochettes et la danse des herbes sacrées. Certains des concurrents ont l'air redoutable dans leur costume à plumes et sous le maquillage noir. Ceux qui participent à la danse libre font preuve d'un grand synchronisme, ils arrivent à faire correspondre exactement leurs derniers pas avec le dernier coup de tambour. Quand à la danse des herbes sacrées, elle évoque les efforts des ancêtres qui étouffaient les feux d'herbe avec leurs pieds.

À compter de 9 h le samedi, la grande vente d'œuvres d'art et d'artisanat commence. On peut aussi goûter, aux quelque 50 stands d'alimentation, à des mets exotiques tels les hamburgers au bison et le saumon micmac. À midi, c'est le «grand défilé», qui signale officiellement le début du pow-wow. On y voit, scène impressionnante, les anciens qui circulent avec leur bâton de commandement garni de plantes médicinales et de plumes. À 19 h, on abaisse les drapeaux pour signifier la fin de la journée.

Le pow-wow de Kanesatake se tient la même fin de semaine, mais a un caractère plus traditionnel. Des Amérindiens du Canada, des États-Unis et de pays aussi éloignés que l'Équateur viennent y rendre hommage au Créateur. Les spectacles de danse sont superbes. On peut même prendre part à l'action pendant les danses intertribales. À quelle occasion est-il possible de danser aux côtés d'un guerrier mohawk en costume?

C'est sous une espèce de pergola, à l'abri de branches de cèdre aux vertus médicinales, que sont réunis ceux qui chantent et jouent du tambour. Un animateur explique la signification de chacune des danses. Le vendredi précédant le pow-wow, on organise un défilé spécial qui part d'Oka, franchit la célèbre pinède et se termine à l'endroit où se tient l'événement.

Des gradins sont aménagés, mais il peut être sage d'apporter une couverture ou une chaise de jardin et un parasol. Il y a moins de stands d'alimentation et d'artisanat à Kanesatake, mais on peut tout de même y goûter à des mets succulents, dont une soupe au maïs. Ceux qui veulent passer la fin de semaine sur les lieux peuvent apporter leur tente. Enfin, on peut faire une belle petite promenade dans l'aire de camping.

Kahnawake

HORAIRE
La fin de semaine la plus rapprochée du 11 juillet, de 9 h à 19 h (la danse débute à 13 h).

PRIX D'ENTRÉE
Adultes: 8$; jeunes de 13 à 17 ans: 4$; aînés et enfants de 6 à 12 ans: 3$; moins de 6 ans: gratuit.

RENSEIGNEMENTS
(514) 632-8667.

TRAJET
Pont Mercier, puis route 138. Suivre les indications.

Kanesatake

HORAIRE
La fin de semaine la plus rapprochée du 11 juillet, de 10 h jusqu'en fin de soirée.

PRIX D'ENTRÉE
6$; aînés et enfants de moins de 12 ans: gratuit.

RENSEIGNEMENTS
(514) 479-8811 ou (514) 479-8093.

TRAJET
Autoroute 15 Nord (autoroute des Laurentides) jusqu'à l'autoroute 640. Autoroute 640 Ouest jusqu'au bout. Route 344 jusqu'à Kanesatake, en passant par Oka.

Activités hivernales
au Centre de plein air
Les Forestiers
Les Cèdres

DURÉE DU TRAJET: 40 MIN

Photo: Centre de plein air Les Forestiers

Un joyau se cache à l'extrémité ouest de l'île de Montréal: le Centre de plein air Les Forestiers. Ce centre à but non lucratif offre une riche palette de plaisirs d'hiver, dont de belles pistes de ski de fond pour débutant, un anneau de glace bien entretenu et de belles pentes pour la glissade. Le Centre héberge aussi un club canin: il n'est donc pas rare d'y voir des traîneaux à chiens.

Le chalet d'accueil est le point névralgique des activités. Il loge un casse-croûte et une grande aire de restauration. La fin de semaine, le foyer tient les visiteurs au chaud et on peut laisser les petits à la garderie.

Le Centre est un endroit idéal pour s'initier aux joies du ski de fond. On peut y louer tout le matériel nécessaire, y compris les traîneaux pour les petits. Le réseau du Centre totalise 35 km de pistes patrouillées sur terrain presque toujours plat. La plupart sillonnent la forêt et toutes sont superbement entretenues. C'est d'ailleurs l'un des rares endroits à posséder une machine à tracer Bombardier BR160. Celle-ci permet de tracer une ou deux pistes à la fois et d'aménager des courbes inclinées. Elle peut aussi servir à préparer une section damée pour le pas de patin. Sept kilomètres de piste sont laissés à l'état naturel pour les plus aventureux.

On peut aussi faire de la trottinette des neiges, du patinage et de la luge au Centre. La trottinette des neiges ressemble à un traîneau à chiens. Une personne s'assoit dessus, tandis que l'autre la pousse dans la descente et se tient ensuite debout sur les patins. Elle gagne sans cesse en popularité, surtout auprès de ceux qui se font pousser! Tout près du chalet d'accueil, il y a un anneau de glace de 400 m et une pente formidable où faire de la luge. On peut apporter sa luge ou louer une chambre à air. Un escalier facilite le retour au sommet.

Vous êtes propriétaire d'un chien vigoureux? Peut-être le club canin pourrait-il vous intéresser. Le Centre réserve en effet 12 km de sentiers aux traîneaux à chiens. On peut aussi y faire une forme de ski de fond toute spéciale, inspirée d'une activité scandinave. Là-bas, des skieurs se font tirer par des chevaux. Au Centre, on a combiné cette technique avec celle du traîneau à chiens: ainsi est né ce que l'on pourrait appeler le ski «à chien», où le proprié-taire se fait tirer par son chien! Selon les spécialistes, la plupart des chiens aiment l'activité, moyennant un dressage spécial pour les habituer à ne pas se laisser dis-traire par les autres attelages. Ceux qui connaissent déjà ce sport peuvent louer tout le nécessaire sur place.

HORAIRE

En hiver: du lundi au vendredi, de 8 h 30 à 16 h 30; le samedi et le dimanche, de 8 h 30 à 17 h 30. En été: du lundi au vendredi, de 8 h 30 à 16 h 30; la fin de semaine, sur réservation.

PRIX D'ENTRÉE ET AUTRES FRAIS

Adultes: 7$; jeunes de 7 à 19 ans: 5$; familles: 20$; moins de 6 ans: gratuit. Location – Chambre à air: 2$ par heure, 5$ par journée; trottinette des neiges: 6$ par heure; on peut aussi louer des skis et des raquettes.

RENSEIGNEMENTS

Centre de plein air Les Forestiers: (514) 452-4736.

TRAJET

Autoroute 20 ou 40 Ouest (route Trans-canadienne) jusqu'à la sortie 22 (chemin Saint-Dominique), juste après Les Cèdres. Chemin Saint-Dominique Nord. Franchir la route 340, faire quelques kilomètres et grimper une petite côte. Après l'école de machinerie lourde, il y a un embranche-ment. Prendre le chemin de droite. Le Centre est à environ deux kilomètres, à gauche.

Ferme apicole
Intermiel
Saint-Benoît, près d'Oka

DURÉE DU TRAJET: 1 H

À l'hydromellerie Intermiel, située entre Oka et Saint-Eustache – à vol d'abeille! –, la tradition apicole se porte à merveille. L'hydromel, délicieuse boisson alcoolique, existe depuis plus longtemps que le vin et la bière! Intermiel compte 1 600 ruches qui produisent quelque 90 tonnes de miel par saison; le couple Vivian et Christian Macle y travaille à plein temps. On y offre, de jour, des visites d'environ deux heures.

Celles-ci font vraiment le tour de la question: extraction du miel, observation des abeilles, fabrication d'hydromel... et dégustations! L'extraction est une opération à la fois simple et délicate: les gâteaux de miel sont chauffés, puis placés dans une centrifugeuse. On arrive ainsi à séparer le miel des alvéoles. Toutefois, à mon avis, la meilleure façon de vraiment apprécier le processus, c'est de goûter aux 11 sortes de miel fabriquées à Intermiel, dont un miel au chocolat...

L'un des points d'observation est une véranda protégée, située derrière trois ruches. L'apiculteur René Desprès, enfumoir en main, ouvre une ou deux ruches pour nous montrer la reine, les ouvrières, les faux bourdons et les gâteaux de miel. Chaque ruche peut compter jusqu'à 12 000 abeilles et produit environ 30 kg de miel par quinzaine.

Dans une pièce adjacente se trouve la salle des découvertes, où l'on peut admirer un véritable immeuble à abeilles composé de six ruches. Comme on est protégé par un panneau de verre, on peut observer les 70 000 à 80 000 «locataires» de très près sans aucun risque. Des tunnels permettent aux abeilles de sortir à l'extérieur. On peut les voir travailler et déposer du miel dans les alvéoles. On peut aussi coller son oreille à la vitre pour entendre leur bourdonnement hallucinant.

Intermiel produit de 30 000 à 35 000 bouteilles d'hydromel chaque année dans des installations de pointe. L'hydromel est une boisson composée de deux mesures d'eau pour une mesure de miel, à quoi on ajoute de la levure. On place ensuite le mélange dans des cuves d'acier inoxydable; dix semaines plus tard, l'hydromel est prêt.

À Intermiel, on peut déguster sept hydromels. Mon préféré est sans conteste l'hydromel aux framboises, où les saveurs de framboise et de miel composent un mariage des plus heureux.

On y apprend aussi des choses intéressantes. Par exemple, le miel est censé faire des cristaux; il faut se méfier du miel que vendent ceux qui prétendent le contraire. Par ailleurs, pour liquéfier du miel, il faut placer le contenant dans l'eau chaude, et éviter de le réchauffer au micro-ondes. Enfin, on apprend que la raison pour laquelle la fumée tempère l'ardeur des abeilles n'est pas claire; on sait cependant qu'elle leur fait manger leur propre miel. Peut-être sont-elles alors incapables de courber suffisamment leur abdomen enduit de miel pour piquer, ou qu'elles ont tout simplement trop de plaisir pour songer à le faire...

L'hydromellerie comprend une jolie boutique où sont offerts plus de 60 produits. Ils ne sont pas tous fabriqués sur place, mais tous sont fait avec le miel d'Intermiel. On y vend des bougies en cire d'abeille, des moutardes, des relishs, de la gelée royale, de la propolis et du pollen. Le shampooing au pollen et miel, de même que les produits de beauté au miel et à la propolis, sont très recherchés. Sans compter l'hydromel, bien entendu, qui se vend de 8$ à 12$ la bouteille.

HORAIRE
Toute l'année, de 9 h à 18 h.
Observation d'abeilles dans la véranda protégée: en été seulement.

PRIX D'ENTRÉE
Gratuit.

RENSEIGNEMENTS
(514) 258-2713 ou
1 800 265-MIEL (6435).

TRAJET
Autoroute 640 Ouest vers Oka jusqu'à la sortie 8. Suivre les indications d'Intermiel, située à environ 20 km, au 10 291, rue La Fresnière. Option intéressante pour le retour: prendre le traversier Oka-Hudson.

La ferme de reptiles
Exotarium
Près de Saint-Eustache

DURÉE DU TRAJET: 1 H

Amateurs de bêtes rampantes et glissantes, l'Exotarium est pour vous. C'est l'un des rares vivariums canadiens qui ouvrent ses portes – mais pas celles des cages, heureusement – au grand public. C'est un endroit fascinant où grouillent à peu près toutes les espèces de reptiles et d'amphibiens – serpents, alligators, crocodiles, monstres de Gila, grenouilles et tortues, entre autres – ainsi que des araignées et des coquerelles!

Copropriétaire et soigneur en chef, Hervé Maranda a commencé tout petit à s'intéresser aux reptiles: il n'avait pas quatre ans qu'il pourchassait déjà les lézards dans le Sud de la France, pendant les vacances. Il a commencé à élever des reptiles pour les animaleries et les jardins zoologiques en 1986. Martina Schneider, elle aussi maniaque des reptiles, n'a pas tardé à se joindre à lui. Ils se sont mariés, puis ont ouvert l'Exotarium en 1990.

Parmi les bêtes les plus remarquables, il y a deux crocodiles nains que l'on pourrait aisément prendre pour des objets décoratifs – du moins, tant qu'ils se tiennent tranquilles. Il y a aussi d'énormes pythons de Birmanie, entrelacés dans une vaste cage, ainsi que beaucoup de serpents venimeux, dont une vipère de Palestine, un cobra à cou noir et un serpent à sonnette. Un panneau de verre protège le visiteur de tous les serpents.

Certains de ces reptiles sont d'une rare beauté. C'est le cas d'une rainette, originaire d'Australie et de Nouvelle-Guinée, de la couleur de l'aigue-marine et de deux grenouilles rouges. Mais, de dire mon miroir, c'est la grenouille cornue d'Afrique du Sud qui est la plus belle. Ses couleurs vives rappellent celles des tasses décoratives japonaises.

D'autres sont carrément étranges. Que dire, par exemple, de cette tortue qui se sert de son nez rappelant celui du cochon pour renifler la nourriture, ou encore de cette autre au cou aussi long que son corps? On trouve vraiment de tout à l'Exotarium, y compris une fosse où cohabitent trois alligators, un crocodile et des tortues que l'on peut observer à partir d'une passerelle.

La visite guidée de M. Maranda est très intéressante, mais elle n'est pas destinée aux cœurs sensibles. Elle commence en douce par un lézard qui semble le fruit du croisement d'un serpent et d'une saucisse crue; il a la particularité d'avoir une langue bleue dont il adore se servir... Ensuite, les choses se corsent; on nous présente une tarentule de la grosseur d'une soucoupe, que l'on peut caresser ou même laisser marcher sur sa main. Mais le clou de la visite, c'est le boa constricteur de 3 m: croyez-le ou non, mais j'ai vu des petits de 4 ou 5 ans qui semblaient avoir beaucoup de plaisir à le laisser s'enrouler autour de leur cou!

Soulignons, en passant, que la vue des boas est très mauvaise et qu'ils sont presque sourds. En revanche, ils disposent d'organes d'une extrême sensibilité à la chaleur qui, selon les spécialistes, leur permettent de se constituer une image en trois dimensions de leurs victimes. À ce qu'il paraît, ils sont capables de détecter des variations de températures de $1/100^e$ de degré Celsius, ce qui leur permettrait de distinguer une veine d'une artère!

HORAIRE
Samedi, dimanche et jours fériés, de septembre à juin (fermé en janvier): de midi à 17 h; tous les jours, sauf le mercredi, en juillet et août.

PRIX D'ENTRÉE
Adultes: 5$; enfants de 3 à 16 ans: 3,50$; famille: 16$. Forfaits de groupe.

RENSEIGNEMENTS
(514) 472-1827.

TRAJET
Autoroute 15 Nord (autoroute des Laurentides) jusqu'à l'autoroute 640. Autoroute 640 Ouest jusqu'à la sortie 11 (Lachute). Boulevard Arthur-Sauvé Ouest (route 148) sur 200 m, puis tourner à gauche au boulevard Industriel, juste après l'hôpital. Tourner à droite à la rue Fresnière; continuer vers le nord jusqu'à l'Exotarium (il est à 7 km de la sortie 11).

Parc archéologique
de la Pointe-du-Buisson
Melocheville

DURÉE DU TRAJET: 30 MIN

Parc archéologique de la Pointe-du-Buisson

Pendant 5 000 ans, avant l'arrivée des Européens, la pointe du Buisson, péninsule boisée avançant dans les rapides du Saint-Laurent au sud-ouest de Montréal, a été habitée par les autochtones. Ils s'y reposaient quand ils faisaient du portage et ils venaient y pêcher l'esturgeon chaque été. Ils ont cessé de visiter l'endroit au XVe siècle, laissant derrière eux une mine de «souvenirs». L'endroit a maintenant été transformé en parc archéologique. On y trouve un centre d'accueil des visiteurs, un musée et des sentiers offrant une vue magnifique du Saint-Laurent.

Le centre d'accueil des visiteurs est situé à l'entrée du parc. Comme il fait également office de centre de recherche, peu de choses y sont exposées. Une maquette du parc et un ancien canot sauront toutefois occuper un peu les petits pendant que leurs parents examinent dépliants et cartes. À l'orée de la forêt, une douzaine de tables et une terrasse de bois sont aménagées à l'ombre pour les pique-niqueurs. Il y a également un casse-croûte.

Le musée est au bout de la péninsule, près du centre d'accueil des visiteurs. C'est un petit bâtiment de bois construit à flanc de colline. À l'intérieur, on présente l'histoire des peuples qui ont vécu dans la région de 3000 av. J.-C. jusqu'à 1400. Il y a de superbes dioramas des techniques de pêche. Les Amérindiens pêchaient l'esturgeon au moyen de filets en chanvre ou en se servant de filets et de harpons.

Les Amérindiens fumaient le poisson pour qu'il se conserve. Les fins de semaine d'été, il est justement possible de goûter à de l'esturgeon fumé. Il ne provient toutefois pas de la pointe, car la construction de la centrale hydroélectrique Beauharnois a mis un terme à la pêche.

Il y a aussi une superbe collection d'alênes, de tranchants et d'autres outils, accompagnés d'informations sur la façon dont les Amérindiens les fabriquaient. Ainsi, certains des tranchants étaient obtenus au moyen d'un procédé de taille par pression: on se servait d'un bois d'animal pour appliquer une forte pression sur les bords d'une pierre. Des feuilles s'en détachaient, qui étaient aussi tranchantes qu'une lame de couteau en acier.

Les fouilles archéologiques se font sur la large langue de terrain qui sépare le musée du fleuve. Les fosses font moins d'un mètre carré et le sous-sol rocheux est entre 15 et 30 cm de la surface. Cinq mille ans d'histoire se trouvent donc condensés en une mince couche rocheuse. C'est ce qui explique la richesse en artefacts de la péninsule; jusqu'à présent, on en a trouvé plus d'un million.

Il y a deux ou trois sentiers qui s'enfoncent dans la forêt. Le plus intéressant est le Chemin du Portage, qui comprend deux passerelles enjambant des ravins très profonds. Un conseil: n'oubliez surtout pas l'insectifuge avant de vous y aventurer en été!

Deux fins de semaine spéciales sont habituellement organisées à la fin de juillet et au début d'août. À l'occasion de la première – la journée du patrimoine amérindien –, on peut savourer de l'esturgeon fumé et du maïs rôti, assister à des danses traditionnelles, écouter des conteurs d'histoire, allumer un feu au moyen d'une pierre à feu ou apprendre à faire un masque. La deuxième est la journée de l'archéologie: on peut alors participer aux fouilles.

On peut accéder au parc et au musée en fauteuil roulant.

HORAIRE

De la mi-mai à la fête du Travail: du lundi au vendredi, de 10 h à 17 h; samedi et dimanche, de 10 h à 18 h. De la fête du Travail à l'Action de grâces: samedi et dimanche, de midi à 17 h.

PRIX D'ENTRÉE

Adultes: 4$; aînés: 3$; enfants: 2$.

RENSEIGNEMENTS

(514) 429-7857.

TRAJET

Pont Mercier, puis route 132 Ouest.

46

Électrium
Sainte-Julie

DURÉE DU TRAJET: 25 MIN

Photo: Hydro-Québec

Près de Saint-Bruno, sur le bord de l'autoroute 30, se dresse l'imposant bâtiment du centre de recherche d'Hydro-Québec. Près de là, on trouve l'Électrium, immeuble beaucoup plus modeste qui abrite le centre d'interprétation en électricité et en électromagnétisme de la société d'État, mini-centre scientifique consacré à l'électricité; le personnel y est affable et les installations sont belles. Et grâce au générateur Van de Graaf, plus besoin d'aller au centre scientifique d'Ottawa pour vivre une expérience à faire se dresser les cheveux sur la tête...

Les boutons à pousser et les roues à remonter ne manquent pas pendant la visite amusante et instructive que donne le personnel bilingue. Elle dure une heure et demie et aborde de multiples sujets, dont les divers aspects de l'électricité et des champs magnétiques. Elle nous permet d'apprendre ce qui distingue, par exemple, le courant continu, le courant alternatif et l'électricité statique. Les démonstrations sont bien rodées et les explications, très claires (les enfants de 10 ans et plus peuvent y participer).

Une exposition est consacrée aux animaux sensibles aux champs magnétiques et aux variations de tension électrique, notamment les pigeons voyageurs, les tortues marines et les requins. La pièce de résistance est le gros aquarium dans lequel évolue une anguille électrique. Originaires du Brésil, ces anguilles sont aveugles; pour sonder leur environnement, elles émettent des pulsions électriques, un peu comme les chauves-souris émettent des ondes qui leur servent de radar. Ces anguilles peuvent donner un choc électrique pouvant aller jusqu'à 650 V.

Il y a aussi un oscilloscope capable de mesurer le pouls, un accumulateur fait à partir d'un pamplemousse et un jeu mettant à l'épreuve le temps de réaction à la lumière et au son. Des démonstrations un peu plus poussées sont aussi au menu. Par exemple, on se sert d'un gros fil entouré de dizaines de boussoles pour illustrer le principe selon lequel tout courant électrique provoque un champ magnétique. Quand le courant passe, les aiguilles des boussoles changent de direction.

On présente également un film passionnant de huit minutes sur les phénomènes électriques à l'origine des éclairs et des aurores boréales. On y apprend que, grosso modo, les éclairs sont le résultat de la friction, dans un nuage, des gouttes de pluie poussées vers le haut contre les grêlons qui descendent. Il y a alors échange de charge. Un éclair porte la température de l'air qui l'entoure à 30 000 °C, a une charge de plusieurs millions de volts et a une luminosité équivalant à celle d'une ampoule de 50 000 W. Pourtant, toute cette énergie, si elle était canalisée, suffirait à peine à faire s'allumer une ampoule de 60 W pendant dix jours. Quant aux aurores boréales, elles se produisent quand des particules solaires pénètrent dans l'atmosphère aux pôles.

La visite se termine dans une cuisine. À l'aide d'un appareil portatif, on peut mesurer le champ magnétique des électroménagers. Le micro-ondes a un champ magnétique de 100 microteslas (mT) près du moteur, mais de seulement 20 mT à la porte. L'élément chauffant d'une cuisinière électrique génère un champ de 160 mT. Le câble d'alimentation de la cuisinière en produit un de 20 mT. À titre comparatif, celui de la Terre est de 50 mT. Enfin, Hydro-Québec et l'Électrium soutiennent qu'aucune étude n'a démontré que les champs magnétiques nuisent aux organismes vivants.

HORAIRE
Tous les jours, de juin à août, de 9 h 30 à 16 h. De septembre à mai, du lundi au vendredi, de 9 h 30 à 16 h, samedi et dimanche, de 13 h à 16 h.

PRIX D'ENTRÉE
Adultes: 5$; aînés: 3$; étudiants (pièce d'identité requise): 2$; moins de 12 ans: gratuit.

RENSEIGNEMENTS
(514) 652-8977.

TRAJET
Autoroute 10 (autoroute des Cantons-de-l'Est) jusqu'à l'autoroute 30. Autoroute 30 Nord vers Sorel jusqu'à la sortie 128. Suivre les panneaux indicateurs bleus.

47

Les joies de l'hiver au Centre de conservation de la nature Mont-Saint-Hilaire

DURÉE DU TRAJET: 45 MIN

Centre de conservation de la nature Mont-Saint-Hilaire

De loin, le mont Saint-Hilaire, situé à 40 km au sud de Montréal, ressemble au mont Saint-Bruno ou au mont Royal. Bien qu'il soit plus élevé qu'eux, il a la forme arrondie caractéristique des montagnes de la vallée du Saint-Laurent. Pourtant, il ne faut pas se fier aux apparences... Le mont Saint-Hilaire est en réalité un ensemble de cinq sommets qui encerclent une vallée ondoyante surélevée. Une fois sur place, on découvre un grand lac, des forêts, des ruisseaux et un paysage qu'on ne s'attendrait à trouver que dans le nord des Laurentides. On découvre aussi un centre d'activités hivernales pour toute la famille.

Pendant 45 ans, presque toute la montagne a appartenu au brigadier A. Hamilton Gault, qui en a fait don à l'université McGill, en 1958. C'est toutefois Alice Johannsen (la fille du célèbre Herman «Jackrabbit» Johannsen) qui a fondé le centre et créé le parc. Une moitié de la montagne est réservée à la recherche; l'autre est ouverte au grand public.

Chaque année, plus de 100 000 personnes visitent le Centre. La plupart y viennent en automne, quand la forêt de feuillus prend ses plus belles couleurs. Mais on n'est pas en reste en hiver: ski de fond, raquette, patinage, glissade et randonnée pédestre sont alors offerts.

Au pavillon d'accueil, on peut se procurer une carte des pistes et sentiers, louer des raquettes ou des skis, ou encore jeter un coup d'œil à la maquette de la montagne. (Les raquetteurs débutants seront heureux d'apprendre que les raquettes sont munies de sangles en caoutchouc; il est donc très facile de les chausser.) En hiver, on y allume le foyer et on installe des tables dans la salle d'exposition pour les skieurs.

Le centre propose 20 km de sentiers et pistes entretenus mécaniquement pour la randonnée, la raquette et le ski de fond. Certains servent à plus d'une activité, mais la plupart sont réservés. Il y a des pistes de ski fond de trois niveaux: facile, difficile et très difficile. Des mangeoires pour les oiseaux sont placées le long de bien des pistes et il y a un abri chauffé sur l'une d'elle.

Deux sentiers totalisant 5,5 km sont entretenus exclusivement à l'intention des raquetteurs et des randonneurs. Le sentier de la Colline brûlée suit le pourtour extérieur de la montagne. On y est très exposé au vent, et il n'est pas à conseiller par temps froid. Le sentier Pain de Sucre, lui, sillonne la vallée. Il commence tout en douceur, passant dans les feuillus et franchissant quelques ruisseaux, mais devient rapidement assez à pic quand il commence à grimper le plus élevé des cinq sommets (celui de 400 m).

La dernière portion du sentier de la Colline brûlée est très exigeante; des bâtons de ski ne sont pas de trop. Le panorama qu'offre le sommet est spectaculaire: on aperçoit Mont-Saint-Hilaire et ses vergers, la rivière Richelieu et, par beau temps, Montréal. On a vraiment l'impression d'être au sommet d'une grande montagne: les arbres sont tordus, rabougris et, bien souvent, couverts de verglas, ce qui donne à l'ensemble l'aspect du corail.

La vallée accueille un vaste plan d'eau, le lac Hertel, où se tiennent deux activités hivernales. On peut habituellement y patiner à compter de la mi-janvier et on aménage une pente pour la glissade sur l'une des rives (il faut apporter sa traîne sauvage).

HORAIRE
Tous les jours, de 8 h jusqu'à 1 h avant le coucher du soleil.

PRIX D'ENTRÉE
Adultes: 4$; jeunes de 6 à 17ans et aînés: 2$; moins de 6 ans: gratuit.

RENSEIGNEMENTS
(514) 467-1755.

TRAJET:
Pont Champlain (voie de droite), route 132 Est, puis autoroute 20 Est vers Québec. Sortie 113 (tout juste après le viaduc qui enjambe la rivière Richelieu), suivre les indications.

48

Lieux historiques nationaux du
Fort-Chambly
et du Fort-Lennox
Rivière Richelieu

DURÉE DU TRAJET: 20 ET 45 MIN,

RESPECTIVEMENT

Photo: Parcs Canada

L e fort Chambly se dresse au pied des rapides de Chambly. C'est une enceinte d'inspiration médiévale en granit gris, dotée de gros bastions aux quatre coins. Comme les visites se déroulent entièrement à l'intérieur, le fort constitue une destination intéressante quand il pleut. Et quand il fait beau, quoi de plus agréable que de se promener le long du Richelieu?

Depuis l'arrivée des premiers colons français, quatre forts ont été aménagés à cet endroit. Le premier, en bois, a été construit par Jacques de Chambly, en 1665, pour protéger la colonie contre les Iroquois. Les Français ont finalement fait la paix avec les Iroquois en 1701, juste avant d'entrer en guerre contre les Britanniques... Les fortifications actuelles datent de 1709.

L'exposition permanente comprend des mannequins en tenue militaire qui ont la particularité d'être étrangement petits... Une erreur de conversion des anciennes mesures françaises en mesures impériales est à l'origine de cette curiosité: les costumiers ont fabriqué des uniformes pour des hommes de 1,37 m (5 pi 1 po) au lieu de 1,46 m (5 pi 5 po)...

L'exposition nous renseigne également sur les us et coutumes des Iroquois et les rigueurs de la vie dans les colonies; celles-ci étaient d'ailleurs sur le point d'être anéanties quand le célèbre régiment Carignan-Salières est finalement venu à leur rescousse. Le fort présente en outre chaque année une exposition itinérante sur la vie dans le Nouveau Monde.

Si la vie n'était pas rose dans la colonie française de Chambly, elle n'était pas une sinécure non plus pour les soldats britanniques établis au sud, au fort Lennox. Ils dormaient à deux par lit et on les attachaient le soir, pour qu'ils ne désertent pas... Ils peinaient pendant de longues journées pour un salaire dérisoire, et la salubrité des lieux était consternante: ils se lavaient le visage une fois par jour (dans des bassins qui servaient le soir de... toilettes); les pieds, une fois par semaine; et le reste du corps, quelques fois par année...

Mais beaucoup visitent les lieux depuis des années en ignorant tout de l'histoire du fort. C'est que l'endroit est si beau qu'on n'est guère tenté d'entrer dans le fort, situé sur l'île aux Noix et qu'un traversier permet d'atteindre. Il se compose d'une demi-douzaine de bâtiments entourés d'une douve pentagonale. Celle-ci semble sortie tout droit d'un conte pour enfants: nénuphars, herbe aux canards, tortues et quantité de grenouilles plaisent beaucoup aux petits.

À l'extérieur de l'enceinte, on peut pique-niquer à l'ombre d'arbres immenses, ou encore se procurer un Frisbee, un ballon de football ou de soccer ainsi que d'autres articles à la cantine.

HORAIRE

Fort Chambly: de la mi-mai au 23 juin, tous les jours de 9 h à 17 h; du 24 juin à la fête du Travail, tous les jours sauf le lundi, de 10 h à 18 h; du 5 septembre au 30 septembre, tous les jours sauf le lundi, de 10 h à 17 h; du 1er octobre au 10 décembre, du mercredi au dimanche, de 10 h à 17 h. Visites sur réservation. Fort Lennox: de la mi-mai à la mi-octobre, tous les jours, de 10 h à 18 h. Visites en français à 10 h, 13 h, 15 h et 17 h.

PRIX D'ENTRÉE

Fort Chambly: Adultes: 3,25$; étudiants: 1,50$; moins de 6 ans: gratuit. Fort Lennox: Adultes: 3$; enfants 2$.

RENSEIGNEMENTS

Fort Chambly: (514) 658-1585; Fort Lennox: (514) 291-5700.

TRAJET

Fort Chambly: autoroute 10 (autoroute des Cantons-de-l'Est) jusqu'à la sortie 22; suivre les indications pour Chambly. Fort Lennox: autoroute 10 jusqu'à la sortie 22. Autoroute 35 Sud jusqu'à Saint-Jean-sur-Richelieu. À Iberville, suivre la route 223 Sud jusqu'à Saint-Paul-de-l'Île-aux-Noix.

49

Refuge d'oiseaux migrateurs
de George H. Montgomery
Philipsburg

DURÉE DU TRAJET: 50 MIN

Photo: Cynthia Chalk

S i vous êtes déjà allé au Vermont en voiture, vous êtes probablement passé dans le refuge d'oiseaux migrateurs de Philipsburg sans vous en apercevoir. Celui-ci s'étend du village de Philipsburg jusqu'à la frontière du Vermont, et de la baie Missisquoi, sur le lac Champlain, jusqu'au chemin Saint-Armand, en chevauchant la route 133. Propriété privée de 485 hectares, le refuge est tout de même ouvert aux randonneurs qui souhaitent parcourir ses beaux sentiers. Le refuge est réputé pour son incroyable variété de paysages et de milieux naturels, qui attirent de nombreuses espèces d'oiseaux, tout spécialement au moment des migrations du printemps et de l'automne.

Le refuge a été fondé en 1955 et est exploité conjointement par divers groupes, dont la famille Montgomery et la Société québécoise des oiseaux, qui entretient les sentiers. Les sentiers n'étant pas très bien balisés, il est facile de s'égarer. Mais on réussit toujours à s'orienter grâce au bruit de l'autoroute. Et comme c'est un refuge d'oiseaux, laisser des miettes de pain der-

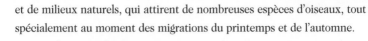

rière soi pour retrouver son chemin n'est pas une très bonne idée...

Le meilleur endroit pour faire de l'observation, une randonnée ou un pique-nique est dans la pointe formée par la rencontre de la route 133 et du chemin Saint-Armand. Il y a là des sentiers qui mènent à divers milieux naturels, dont une forêt d'érables effilés et de grands hêtres.

Un autre serpente sur les rives humides de l'étang Steit, vaste plan d'eau marécageux. Il est très couru par les canards; on peut d'ailleurs les observer à partir de caches aménagées sur la rive ouest de l'étang, mais il faut des bottes de caoutchouc.

Il y a aussi un sentier qui s'enfonce dans la forêt, puis longe une falaise située sur le flanc sud-est de l'étang. On y a une belle vue de l'étang, de l'autoroute et du lac Champlain. Le sentier quitte ensuite le bord de la falaise pour descendre au cœur d'un ravin qui regorge de fougères, de fleurs sauvages et de pierres recouvertes de mousse. Au fond du ravin, on se croirait dans un autre monde, le couvert végétal rappelant celui des forêts tropicales.

À l'est de l'étang, il y a une clôture d'où l'on peut voir de vastes terres agricoles ondoyantes, des champs de maïs et, au sud, la chaîne des Adirondacks, qu'on croirait sortie tout droit du tableau d'un grand peintre. Ces champs aboutissent au refuge, mais n'en font pas partie. Il y a un endroit idéal pour un pique-nique sous un grand arbre au milieu d'un des champs. Le propriétaire, M. Audette, y a placé des tables. Il a aussi disposé une demi-douzaine d'anciennes baignoires côte à côte dans un petit ruisseau qui coule sur son terrain. Il les garde propres, enlevant mousse et algues, et invite les visiteurs à faire une petite saucette dans l'eau froide. Avis aux braves!

HORAIRE
Toute l'année, de l'aube au crépuscule.

PRIX D'ENTRÉE
Gratuit.

RENSEIGNEMENTS
Société des oiseaux: (514) 637-2141.

TRAJET
Pont Champlain, puis autoroute 10 (autoroute des Cantons-de-l'Est) jusqu'à la sortie 22. Autoroute 35 Sud jusqu'à Iberville. Route 133 Sud jusqu'à Philipsburg.
À Philipsburg, on peut continuer jusqu'au motel de la Frontière, du côté est de la route, où l'on peut garer sa voiture gratuitement, pour autant qu'on en demande la permission au propriétaire. Le stationnement est également gratuit au champ Montgomery; pour s'y rendre, il faut tourner à gauche au chemin Saint-Armand. Enfin, on peut garer sa voiture pour 2$ au stationnement de M. Audette, situé un peu plus loin, et accéder au refuge par son terrain. L'endroit est facile à repérer: il y a un grand panneau et l'entrée est en gravier blanc.

Cœur-du-Québec

Bien que la désignation administrative de cette région soit Mauricie–Bois-Francs, l'appellation touristique Cœur-du-Québec semble mieux lui convenir. Au sud du fleuve, elle propose le paysage typique des

basses terres du Saint-Laurent, soit des terres planes, à vocation essentiellement agricole. Au nord du fleuve, par contre, elle est beaucoup plus diversifiée, surtout aux abords de la frange

sud du Bouclier canadien. En dehors des principales localités, la région est peu peuplée et caractérisée par des terres rocailleuses, des forêts épaisses, des routes sinueuses et de jolis villages qu'on croirait issus d'une autre époque.

C'est dans la région qu'ont lieu deux des plus importants événements ruraux au Québec.

D'abord, au printemps, des centaines de milliers d'oies blanches font leur halte annuelle dans les terres inondées de Baie-du-Febvre; leur envol, à l'aube, et leur retour, au crépuscule comptent parmi les spectacles les plus grandioses qu'offre la nature québecoise. Puis, à l'automne, c'est au tour du petit village de Saint-Tite de recevoir des milliers de visiteurs à l'occasion de son Festival western, le plus important du genre au Canada.

Si vous préférez vous tenir loin des foules, le parc des chutes Sainte-Ursule vous conviendra davantage. Il est ouvert à longueur d'année et on y trouve certaines des plus belles chutes à proximité de Montréal.

Destinations

50 Parc des chutes de Sainte-Ursule
Sainte-Ursule
p. 134
(819) 228-3555

52 Festival western
Saint-Tite
(418) 365-7524 (en saison)
p. 138

51 La halte routière des oies
blanches
Baie-du-Febvre
(514) 783-6996 (en saison)
p. 136

Renseignements touristiques

Association touristique régionale
de la Mauricie–Bois-Francs:
(819) 375-1222 ou
1 800 567-7603

Parc des chutes
Sainte-Ursule
Sainte-Ursule

DURÉE DU TRAJET: 1 H

Pour une escapade d'une journée, les chutes de Sainte-Ursule constituent une destination de choix... et l'un des secrets les mieux gardés.

Les chutes de Sainte-Ursule se seraient formées par suite d'un tremblement de terre survenu en 1663; c'est là que s'est établie l'une des premières usines de pâte à papier au Québec. Aujourd'hui, elles sont gérées par un organisme à but non lucratif qui loue le site à Hydro-Québec, qui se réserve le droit de l'exploiter un jour à des fins commerciales.

On peut y faire d'agréables promenades dans la forêt épaisse ainsi que de nombreuses autres activités, selon la saison. Le pavillon d'accueil est doté d'un restaurant, d'aires de jeux et d'une aire de pique-nique avec foyers pour les barbecues.

La principale attraction reste toutefois les chutes qui cascadent dans le parc. Depuis le lac du même nom, la rivière Maskinongé s'écoule presque en ligne droite jusqu'au Saint-Laurent, sauf dans ce parc. Là, elle fait un furieux plongeon de plus de 71 m en cinq cascades.

Ceux qui veulent faire une visite autoguidée peuvent se procurer un dépliant au pavillon d'accueil. Les plus audacieux voudront peut-être emprunter le sentier accidenté de l'île qui s'est formée quand la rivière a changé son cours (l'ancien lit de la rivière est toujours à sec, sauf pendant la fonte des neiges). Sinon, on peut faire comme la plupart des 45 000 personnes qui visitent le parc chaque année et suivre les promenades – fort bien entretenues – qui mènent du sommet au pied des chutes. Peu importe le sentier choisi, le bruit des chutes et le doux parfum de la forêt agrémenteront votre randonnée.

Les deux premières cascades s'écoulent majestueusement le long d'un magnifique pont ferroviaire sur chevalets.

La troisième est à peine 100 m plus loin, à l'endroit où le tremblement de terre a fait dévier la rivière. Si c'est à l'aune de la turbulence qu'il faut juger d'une cascade, alors celle-là est de loin la plus saisissante. Elle plonge de 200 m à 45 degrés dans une gorge étroite et profonde, entre les parois d'une falaise presque verticale parsemée de grandes épinettes, et se transforme en un torrent fascinant.

Un peu plus loin se dresse une énorme structure en bois de 16 m: c'est le belvédère. D'accord, il faut grimper 81 marches pour en atteindre le sommet; mais la vue qu'on y a des chutes juste en dessous et de celles qui plongent à 45 degrés un peu plus haut ainsi que de la campagne environnante est à couper le souffle. Quelques tables y sont aménagées à l'abri; l'endroit est donc idéal pour un pique-nique, beau temps, mauvais temps.

La dernière cascade, elle, dégage une vapeur d'eau que l'on sent quand on se trouve au dernier point d'observation, situé à quelques pas du belvédère.

Au pied des chutes, on peut observer un phénomène naturel qui fait les délices des géologues. En effet, on aperçoit distinctement, à deux endroits (près de la base de l'île et dans la courbe), la faille qui s'étend de Joliette à Shawinigan, et qui correspond très précisément au point de rencontre du gneiss du Bouclier canadien et de la roche sédimentaire des basses terres du Saint-Laurent.

HORAIRE
À longueur d'année. Pavillon d'accueil et toilettes: tous les jours, d'avril à octobre; la fin de semaine seulement de la fête du Travail à la Saint-Jean (24 juin).

PRIX D'ENTRÉE
Adultes: 3,50$; aînés: 2,50$; jeunes de 10 à 18 ans: 2$; enfants de 5 à 10 ans: 1$; moins de 5 ans: gratuit. Forfaits pour les groupes.

RENSEIGNEMENTS
(819) 228-3555.

TRAJETS
Autoroute 40 Est jusqu'à la sortie 166. Route 138 Est jusqu'à Louiseville, puis route 348 Nord. Franchir Sainte-Ursule et suivre les indications du parc des chutes Sainte-Ursule.

51

La halte routière
des oies blanches
Baie-du-Febvre

DURÉE DU TRAJET: 1 H 40 MIN

Photo: Daniel Lauvin

Deux fois l'an, des centaines de milliers d'oies blanches parcourent les quelque 8 000 km qui séparent leur aire d'hivernage, au sud, de leur lieu de reproduction, en Arctique. L'automne, elles partent par vagues, et leur périple vers le sud est ponctué de divers arrêts, dont beaucoup dans la région de Québec. Mais au printemps, elles reviennent en bloc et ne font qu'un seul arrêt, aux terres inondées de Baie-du-Febvre. Elles sont grosses, belles, blanches comme neige et très bruyantes! Voir ces immenses volées s'élancer à l'aube ou se poser au crépuscule est un spectacle inoubliable.

En temps normal, le lac Saint-Pierre, où elles font escale, occupe une superficie de 250 km² ; mais à la fonte des neiges, il submerge une surface presque deux fois plus grande. L'endroit est alors idéal pour les oies, qui aiment bien passer la nuit en eau peu profonde, de manière à entendre venir d'éventuels prédateurs. Elles sont aussi attirées par le maïs et les autres grains laissés au sol dans les terres environnantes lors de la récolte de l'automne précédent.

En dépit de ces conditions favorables, ces oies ont déjà été en voie d'extinction. La situation était imputable à l'intensification de l'activité agricole, pour laquelle on drainait des territoires sans cesse plus grands. En 1970, l'organisme Canards Illimités a réussi à convaincre les autorités locales du potentiel touristique de ces terres et a fait construire des digues pour contenir les eaux. Maintenant, on laisse le Saint-Laurent inonder les terres pendant la période de migration pour ne les drainer qu'au début de mai, à temps pour les semences.

On pourrait dire du programme qu'il a été marqué au «coin-coin» du succès: en 1970, 300 oies blanches avaient fait halte à Baie-du-Febvre; en 1996, on estime que 300 000 oies blanches, 70 000 bernaches du Canada et 15 000 canards de diverses espèces s'y sont réunis pendant trois semaines.

Ce n'est pas le jour qu'il faut se rendre à Baie-du-Febvre pour admirer les oies, car elles sont alors occupées à se gaver dans des champs situés jusqu'à 50 km de là. C'est plutôt au lever du soleil ou à la brunante que le spectacle est grandiose, quand elles se réunissent dans les terres inondées.

Logeant dans un élégant immeuble de deux étages en brique rouge, le centre d'interprétation est situé au bord de la route 132, en face de la principale aire de migration. On peut s'y procurer une carte indiquant les quatre sites d'observation ainsi qu'un dépliant donnant la liste des événements organisés parallèlement à la migration des oies, dont une exposition d'art annuelle. Le centre compte aussi un petit musée où on peut tout apprendre sur la migration, l'inondation des terres et les espèces qui s'arrêtent dans la région. On peut louer des jumelles ou faire de l'observation au moyen de lunettes d'approche.

Cependant, rien ne vaut l'observation depuis la lisière des champs. Environ 40 minutes avant le coucher du soleil, le retour des oies commence. Très vite, le ciel se transforme en une véritable nuée d'oies blanches; celles-ci déferlent sans interruption pendant une bonne demi-heure et cacardent bruyamment. Avec de bonnes jumelles, on peut les voir faire leur toilette au bord de l'eau, réunies en grappes blanches qui, de loin, font penser à de la neige. Et selon ce qu'on m'a dit, leur envol massif, à l'aube, est encore plus spectaculaire!

On peut accéder au centre d'interprétation en fauteuil roulant.

HORAIRE
Oies blanches: du début à la mi-avril.
Bernaches du Canada: du début à la fin d'avril.

PRIX D'ENTRÉE
Centre d'interprétation – Adultes: 3$;
moins de 12 ans: gratuit.

RENSEIGNEMENTS
En saison: (514) 783-6996.

TRAJET
Pont Champlain et autoroute 10 (autoroute des Cantons-de-l'Est) jusqu'à la sortie 11 (Sorel/Québec). Autoroute 30 Nord jusqu'à Sorel. Route 132 Est jusqu'à Baie-du-Febvre. Le centre d'interprétation est au bord de la route 132.

52

Festival western
Saint-Tite

DURÉE DU TRAJET: 2 H

Photo: Festival western de Saint-Tite

L'été tire à sa fin? Alors, polissez vos bottes de cow-boy et vos éperons, car c'est le temps de l'année où la fièvre western s'empare de Saint-Tite. Pendant dix jours, en septembre, cette petite localité (4 000 habitants) accueille 350 000 visiteurs dans le cadre du plus important rodéo dans l'est du Canada. Plus de 300 cow-boys et cow-girls professionnels du Canada et des États-Unis s'y disputent une bourse totale de 130 000$. La fin de semaine, terrassement de bouvillon, prise de veau au lasso et clowns de taureau sont au menu.

Le Festival est un véritable événement culturel. D'aucuns arrivent une semaine à l'avance pour avoir une place de choix. Les commerçants louent le devant de leur magasin aux marchands et les résidants, leur terrain aux visiteurs. Quant le rodéo bat son plein, presque chaque centimètre carré du village est occupé par des marchands ambulants, des casse-croûte, des tentes, des roulottes et des autocaravanes.

Tous mettent la main à la pâte pour faire du Festival le rodéo le plus populaire à l'est de la Saskatchewan. D'ailleurs, certains quartiers du village ont une saveur western à longueur d'année (les plaques de rue western, par exemple) et à peu près tout le monde décore son terrain de bottes de foin ou d'autres articles de circonstance.

La parade à traction animale est le clou du premier dimanche de festivités;

elle a lieu à 13 h et met en vedette près de 300 chars et chariots tirés par des animaux. Dans une ambiance des plus joviales, ils défilent dans les rues étroites du village, au milieu d'une foule qui atteint parfois les 100 000 personnes. Enfants et fanfares s'entraînent toute l'année en prévision de cette parade.

Les deux rues commerciales sont complètement bondées. La pizza, les hot dogs steamés et la poutine s'y consomment en quantité industrielle, et on trouve des épis de blé d'Inde un peu partout. Une aire de restauration située près de l'arène sert des mets un peu plus relevés.

Quatre rodéos professionnels ont lieu pendant le Festival. Ceux de la première fin de semaine vous en donnent pour votre argent. Les finales de la deuxième fin de semaine, elles, donnent lieu à des performances du plus haut niveau; souvent, par contre, elles se tiennent à guichet fermé. L'un ou l'autre des week-ends saura plaire aux profanes. Pour ma part, j'ai été vivement impressionné par les épreuves d'échange de monture et de montée de taureaux sauvages. La musique rock qui joue à tue-tête a fini par me taper sur les nerfs; en revanche, le spectacle de l'entracte, alors que les clowns et les cow-boys ont fait danser toute la foule sur l'air de *YMCA* du groupe Village People était incroyable!

On parle beaucoup du Village des enfants et du Village des artisans; on ne devrait peut-être pas... Comparativement au reste du Festival, ils sont un peu décevants. Le Village des artisans consiste en quelques étalages d'aspect western où l'on vend les mêmes articles que dans le reste du village. Quant au Village des enfants, ce n'est guère plus qu'un carré de sable et un terrain de jeu ordinaire... Peu importe: rien que pour l'atmosphère qui règne dans les rues, le Festival en vaut la peine. Soulignons enfin que les jours de pluie, de nombreuses activités sont organisées sous les chapiteaux.

HORAIRE

Du 5 au 14 septembre, en 1997.

PRIX D'ENTRÉE ET AUTRES FRAIS

Première fin de semaine: Adultes: 12$; enfants de 2 à 12 ans: 5$.

Deuxième samedi: Adultes: 16$.

Grande finale (dimanche): 17$.

Stationnement: environ 5$.

RENSEIGNEMENTS

418) 365-7524; réservations: (418) 365-6366.

TRAJET

Autoroute 40 Est jusqu'à la sortie 196 (Trois-Rivières). Autoroute 55 Nord (route transquébecoise); franchir Shawinigan et Grand-Mère. À Saint-Georges, emprunter la route 153 Est jusqu'à Saint-Tite.

Index

Commentaires et suggestions

C'est inévitable: les prix finissent par changer; les établissements, par passer à de nou-veaux propriétaires; et les festivals, par se tenir à de nouvelles dates. Sans compter que les événements ne sont pas nécessairement aussi remarquables d'une année à l'autre. Et en dépit de tous nos efforts, des erreurs peuvent s'être glissées dans le texte. Enfin, peut-être voudrez-vous nous faire découvrir une nouvelle destination. Quelle que soit la rai-son, nous aimerions avoir de vos nouvelles. N'hésitez donc pas à nous faire part de vos commentaires et suggestions, en nous écrivant à l'une des adresses suivantes:

Publications Sans Domicile Fixe
C. P. 65, succ. Notre-Dame-de-Grâce
Montréal (Québec)
H4A 3P4
Canada

Courrier électronique: nfa@cam.org

Pour obtenir un exemplaire

Vous avez bien aimé le guide et aimeriez en commander un exemplaire directement de l'éditeur? Il vous suffit de remplir le formulaire ci-dessous (ou de vous en faire une copie). Des rabais sont offerts aux agences de voyages, au personnel scolaire et aux guides touristiques.

Titre	Quantité	Prix	Total
Escapades d'un jour, Montréal	_____	14,95$	_____
Get Outta Town! Montreal	_____	14,95$	_____
		Total partiel:	_____
		Au Canada, ajouter la TPS de 7% (1,40$ par guide)	_____
		Total (y compris les frais de transport et de manutention)	_____

Nom: _____ Adresse: _____

Ville: _____ Code postal: _____

Province: _____ Pays: _____

Mode de paiement: ☐ Mandat ☐ Visa ☐ Mastercard ☐ Chèque

Numéro de la carte: _____ Date d'expiration: _____

Signature: _____